Korean Peninsula

World Peace Pilgrimage

仙巫道化圖-仙女山

한림대학교 출판부

Hallym University Press

巫畵 – 韓半島, 山河來 世界平和巡禮. World Peace Pilgrimage Korean Peninsula

巫畫 – 韓半島, 山河來 海東文明盛國圖 – 平和海東盛國圖. World Peace Pilgrimage Korean Peninsula

巫畵 – 韓半島, 山河來　仙鶴山 • *31.8×41cm* • *oil on canvas*

巫畵 - 韓半島, 山河來 仙巫道化圖 凍土의 恨-三神할머니[痲姑]

Oriental Spirit-북새 [세계삼파장을 떨치고....]

Korean Peninsula World Peace Pilgrimage Oriental Spirit - 북새 *oil on canvas 162.0×130.3㎝*

신천지(新天地)-세계삼파장과 세계이념사의 한반도

Korean Peninsula World Peace Pilgrimage 신천지(新天地) *oil on canvas 162.0×130.3㎝*

巫畵 – 饗宴地天春夏圖 World Peace Pilgrimage Korean Peninsula

巫畵 – 仙巫道化 道通心經圖 World Peace Pilgrimage Korean Peninsula

巫 ー 德有東邦 西郎堂 • *145.5×112.1cm* • *oil on canvas*

巫 – 草家山의 氣 • *116.7×91cm • oil on canvas*

巫 – World Peace Pilgrimage Korean Peninsula

序 言

덕유동방(德有東邦) 서낭당(西郞堂) 서(西)녘에
하나의 산(山)이 있다.
그 산은 평온(平穩)의 상징(象徵)이며,
인류(人類)의 어머니로서 모성(母性)을 지닌
구원(救援)의 산이니,
그 산을 이름하여
'초가산(草家山)'이라 한다.

'초가산(草家山)'은 이 어지러운 난세(亂世)에
잃어버린 인간(人間)의 본성(本性)을
되찾아 줄 오직 하나뿐인
마지막 양심(良心)이며,
오랜 세월(歲月) 기다려 온
영혼(靈魂)의 모체(母體)인 동시에
마음의 본향(本鄕)이다.

'초가당(草家堂) 계절화(季節花)'는 한국화(韓國花)다.

천절기(天節紀) 3300년
칠연선녀(七燕仙女) 계절화(季節花)

巫 – 仙巫道化圖 凍土의 恨 神主丹子• *30×40.9 cm • oil on paper*

☯序 文

韓國의 봄은 草家山,
草家山은 季節愛 恨
季節愛 恨은 草家山,
草家山은 韓國의 봄
韓國의 봄은 草家山
草家山은 韓國의 봄
韓國의 봄은 季節愛 恨..........
....

이번에 草家堂 季節花의 平和 詩書集 『한반도, 세계평화순례』가 한림대학교 출판부에서 출간 된다 할 때 드디어 올 것이 왔구나 하는 반가움과 함께 불현듯 귓가에 스쳐 지나가는 詩語들이 있었다. 마치 누에고치에서 실을 자아내듯 주술 같은 위의 詩語들을 끝없이 읊조리며 얼굴이 상기되던 풋풋한 한 청년 초가당 계절화의 모습이 생생하게 떠오른다.

그가 말하는 '한국의 봄'이란 자본독식의 민주주의, 사유재산 국유화의 공산주의, 그리고 제3세계 비동맹연합주의라는 즉 냉전시대의 산물인 이념적 선택에 있어 그 어느 한쪽의 선택강요나 강제적 민중억압이 아닌 진정한 인본중심의 和平과 平穩, 즉 국가와 민족, 인종과 종교, 빈부를 초극한 凡宇宙的, 凡人類愛의 博愛精神을 표방하고 있다.

古書에 大學之道는 在明明德 在新民 在之於至善이라 했다. 이는 따뜻하고 인정 많은 그리고 善과 仁義를 志向하는 한민족의 올바른 心性에서 비롯되어 그러한 인간에 대한 精誠된 마음과 인류애적인 正善을 추구하는 誠敬信 中和의 精神文化가 전 세계 인류에게 전해지기 바라는 간절한 마음을 초가당 계절화는 한민족의 巫家的 心性과 연계하여 '한국의 봄' '草家山'이라는 상징적 이상향의 세계로 표현하고 있다.

그러나 당시로서는 생소하기만 했던 그의 시 언어와 그림언어는 작가의 독특한 표현방식과 함께 문학과 예술이 갖는 추상적 애매모호함속에 함몰된 채 그를 대면한지 어언 30여년이 흘러서야 어렴풋이 그 의도적 의미를 짐작해 볼 수 있을 정도니 안개 속에 희미해진 물체들은 안개가 걷혀야 제 형상을 온전히 드러내듯 예술가 특유의 언어예술이 갖는 그러한 추상적 애매모호함은 세월의 바람에 윤색되어야 그 자태가 顯現되지 않나 昭蘇히 가늠해 본다.

그리고 몹시도 추웠던 지난 겨울과 아직 꽃샘바람이 차갑지만 그 꽃샘바람을 타고 따스한 봄기운이 스며들듯이 아직은 꽁꽁 얼어붙은 한반도 통일의 길에 어느덧 땅을 녹이는 따뜻한 봄바람이 凍土의 恨을 지닌 한반도에 찾아들기를 그의 시 할미꽃의 '양지바른 무덤가에 다소곤히 지는꽃아 다소곤히 피는꽃아'에서 노래했듯 '다소곤히 피는 할미꽃'처럼 고대하며 기다려본다.

草家堂 季節花는 韓國花다.

天節紀 3318年 2月 檀 紀 4345年 2月 西 紀 2010年 2月 율려(汨篇)

☯ 巫家詩

할미꽃

할미꽃아 할미꽃아
꼬부라진 할미꽃아
꾸부러진 할미꽃아
양지바른 무덤가에
다소곤히 피는 꽃아
다소곤히 지는 꽃아
떨복송이 할미꽃아
꼬부라진 할미꽃아
구부러진 할미 꽃아
떨복숭이 지는 꽃아
떨복숭이 피는 꽃아

– 계절화 –

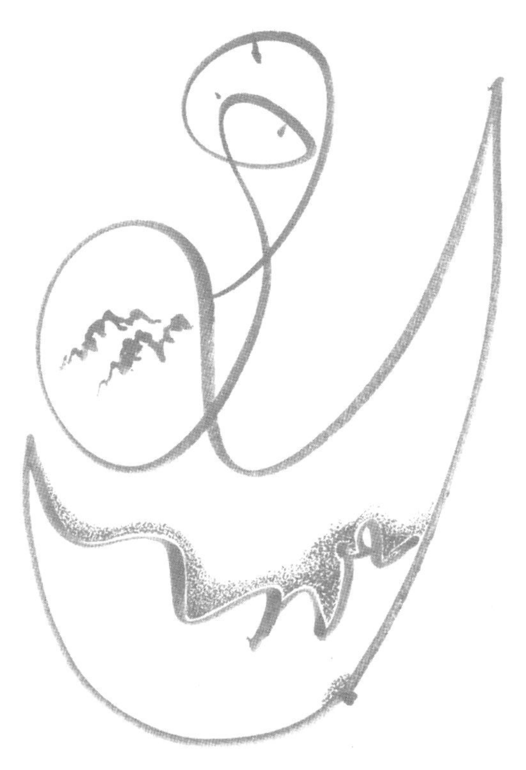

차 례

제2부 그곳은 하나의 성이였다

제3부 자유의 노래 생명의 노래

☯ 님의 시

PART I Songs to My Love

PART II THERE WAS ONCE A CASTLE

PART Ⅲ SONG OF FREEDOM; SONG OF LIFE

巫畵 – 饗宴地天春季圖 World Peace Pilgrimage Korean Peninsula

제1부

님께 드리우는 노래

나 비

하나의 세계가 있다.
그 세계는 보이지 않는 세계이다.
그 보이지 않는 세계를 향하여 날아가려는
날개가 있다.
그 날개를 일컬어 나비의 생명이라 한다.

나비는 참으로 그 공허한 푸르름 속에
자신을 잊고 날 수 있을 때에
비로소 나비는 하나의 나비일 수 있는 것이다.

날음이 나비의 실존을 의미하듯
나비는 다만 하나의 나비이기 위하여
날아야 한다.

날지 않는 나비는
나는 것을 잊은 나비는, 이미
나비가 아니다.

나비의 죽음은 접힌 날개 틈 속에
깃들어 있는 까닭이다.
날음 以前에 나비는 없었고
오직 날음을 통하여 나비는
나비라 불리우는 것이다.—

A BUTTERFLY

There is a world;
The world is an invisible world,
To which wings are trying to fly.
The wings are called a life of a butterfly.

A butterfly in the vacant blue,
Which could forget itself and fly,
Truly could be one.

As flying means existence of a butterfly,
Only to be one, it has to fly.

A butterfly that does not fly
Or forgets to fly,
Is no longer one.

Because death of a butterfly is in its folded wings.
Before flying, a butterfly couldn't be one;
But only by flying it could be called a butterfly.

巫畵 – 山河來 仙巫道化圖 世界三波長•Korean Peninsula

어느 봄날

어느 봄날

어느 봄날 꽃색시 같은 봄날
아지랑이 피어
서산에 그늘 음달이
눈 녹으려하네.

간간이 흩어진 계곡 녘 마다에
어른풀, 풀–무덤 겨우내 묻혔던
눈 녹으려하네.

깊은밤 샘처럼
깊은산 산꼴에
산천이 그리워
속 등지고 세상사 품으로
흐르려하네.

어느 이른
봄날
꽃 색씨 같은 봄날
아지랑이 눈꽃펴 서산에 그늘음달
눈 녹으려하네.

A SPRING DAY

A spring day,

A spring day, like a flowerlike bride,
Haze rising;
And in the westside shade of the mountain
Snow is about to melt.

Every valley scattered scarce
Burying grown grass, mound of grass for the winter
Snow is about to melt.

As a spring at dead of night
In a valley deep in the mountains longing for nature;
And leaving the valley to the heart of the world.

An early spring day,
A spring day, like a flowerlike bride,
Haze's blossoming like snowflakes;
And in the westside shade of the mountain
Snow is about to melt.

巫畵 - 山河來 仙巫道化圖 世界三波長•Korean Peninsula

님께 드리는 노래

님의 노래 I

온 세상 가득히 빛나는 햇살
그것은 님의 미소입니다.

찬 바람을 몰고 오는 굵은 빗줄기
그것은 님의 눈물입니다.

깊은 산 호젓이 피어있는 꽃한송이
그것은 님의 사랑입니다.

계곡을 휩쓸고 흘러가는 물줄기
그것은 님의 생명 입니다.

서녘 하늘 기우는 붉은 저녁노을
그것은 님의 마음입니다.

어두운 밤하늘에 빛나는 별
그것은 님의 추억입니다.

이렇듯 님의 미소와 눈물과 사랑과
추억 속에는
나의 삶이 서려 있습니다.

Songs to My Love

SONG FOR MY LOVE I

Sunlight shining filling all the world,
It is thy smile.

Large streaks of rain coming with cold wind,
It is thy tears.

A flower blossoming alone in a remote mountain,
It is thy love.

A stream flowing sweeping along a valley,
It is thy life.

Red sunset glowing in the western sky,
It is thy heart.

The star shining in the dark night sky,
It is thy reminiscence.

Thus in thy smile, tears, love
And reminiscence,
Lingers my life.

巫畵 - 山河來 仙巫道化圖 世界三波長•Korean Peninsula

蘇 生 V

님은 오직 나의
희망이게 하소서

나를 生存케 하시는
유일한 나의 신념이시고
용기이게 하소서.

님은 오직
나의 믿음 이게 하소서.

나의 절망과 우울을 함께 하시는
또 하나의 나이시고
언제나 내 안에 살아 계시는
나의 마음이게 하소서.

(1980년 초)

REVITALIZATION V

Thee,
Be my only hope;

For my existence,
Be my only faith and courage.

Thee,
Be my only belief.

Sharing with my despair and gloom,
Be the other me
And my heart that is always alive in me.

巫畵 – 山河來 仙巫道化圖 大韓길 • Korean Peninsula

望 草 VI

빼뿌쟁이-망초꽃

내 오늘 살아 숨쉬는 것이
한 포기 풀잎의
의미라도 될 수 있다면
님이시여,
뭇 사람들의 발아래 짓밟힐지라도
내 기꺼이
한 포기 풀로서 남아 있겠읍니다.

내 지금 여기에 토해내는 恨숨이
풀벌레들의 울음 소리만한
의미라도 될 수 있다면
님이시여,
나는 찬 이슬 아래 떨고 있는
풀잎 속의 작은 한 마리 벌레로서
남아있겠읍니다.

(3289년 4월 11일 월요일 1983년 5월 23일)

A HORSEWEED VI

If my living and breathing today
Could be meaningful as a grass leaf,
My love,
And even if being tramped under people's feet,
I would willingly remain a grass;

If my sigh heaved, now, here
Could be meaningful as cries of a grass bug,
My love,
And even if shivering under a cold dew,
I would remain a little bug on a grass leaf.

巫畵 – 山河來 仙巫道化圖 世界三波長•Korean Peninsula

召命

님께서 가시라면 먼 길 떠나지요.
길잃은 철새처럼
한세월 길게 울어
날개 젖히며,

님께서 부르시면
달려 오지요.
성급히 돌아온 제비처럼
꽃샘바람 속을 쉬지 않고
날아 오지요.

님께서 죽으라면
죽어버리지요.
님의 품에 안기우듯
대지 깊숙히 뿌리를 내리고
한세월 울어지친
深山의 古木처럼.

(님에게 3288년 1982년 6월)

A CALLING

If you want me to go,
I would make a long journey,
Like a lost migratory bird,
Weeping long for all its life
And dropping its wings.

If you call me,
I would come running,
Like a swallow hastily returns
Flying without stopping in the chill wind
In the early spring.

If you want me to die,
I would die.
As if embraced in your bosom,
Like an aged tree deep in a mountain
Rooting deep in earth,
Tired of weeping for all its life.

巫畵 – 山河來 仙巫道化圖 世界三波長•Korean Peninsula

合一

내가 목이 마를 때
물을 그리워하듯이,
대지가 메말라 갈 때
비를 그리워하듯이,

내가 물을 원할 때
– 물을 내 몸 안에 들이킬 때
나는 물과 하나가 되듯이,

내가 허기져 있을 때
싱싱한 과일을 찾듯,
굶주린 들짐승이
산 먹이를 찾아 헤매듯,
내가 식욕을 느낄 때
나는 그 모든 것들과 하나이기를 원한다.

이렇듯
내가 원하는 모든 것이
그대들의
愛慾과 혼동되지 않게 하라.

–하나 됨의 의미–

ONENESS

As if thirsty I crave for water,
As if earth becomes parched
It longs for rain,

As if I need water
And water enters my body
They become one,

As if hungry I look for fresh fruits,
As if a wild animal is starved
It searches for a living prey,
As if I desire to eat
I want to be one with all those,

Thus,
All I want
Shouldn't be confused with your love and lust.

(3288년 1982년 11월, 12)

巫書 – 山河來 仙巫道化圖 蚩尤天王 • Korean Peninsula

너는 너이고

너는 너이고
나는 나일 수 밖에 없는
眞實 앞에서
우리는 무엇을 꿈꾸고 있는 것일까.

내가 너이고
네가 나이기를 바란다는 것은
虛僞의 늪속으로 빠져드는
惡夢에 지나지 않을 뿐인 것을.

求할 수 없는 것을
求하려 하는,
바랄 수 없는 것을 바라는
矛盾과 어리석음이
우리를 苦惱로이 할 뿐이다.

(3287년 1981년 12월 31일)

YOU ARE YOU

Before the fact
You are you
And I could be only me,
What are we dreaming of?

Wishing that I were you
And you were me
Is only a nightmare,
Swamped into an abyss of falsehood.

Wanting the unobtainable,
And wishing the unattainable,
Paradox and folly
Only torment us.

巫畵 – 韓半島, 山河來 – 世界平和巡禮 Korean Peninsula World Peace Pilgrimage

必 然

너와 나의 만남은 必然
그것은 운명도 숙명도 아닌
필연 이었다.

자연의 섭리대로
봄이 가고 여름이 가고 가을이 가고
겨울이 오듯이,

잎이 피어나고 꽃이 지고
낙엽이 떨어지고 눈이 나리듯이

새벽이 오고 한낮이 지나면
태양이 기울듯이,

아기가 태어나고
젊은이는 늙어가고
늙은이는 죽어가듯이,

죽은 이는 흙속에 묻히고
흙과 하나가 되듯이

너와 나의 만남
그것은 하나의 필연이었다.

NECESSITY

The meeting between you and me,
It was necessity;
Neither destiny nor fate,
It was necessity.

As, by nature's providence,
Spring goes, summer goes,
Autumn goes,
And winter comes,

As leaves bud out,
Flowers wither away,
Autumn leaves fall,
As does the snow,

As dawn breaks,
Midday passes,
And the sun sets,

As babies are born,
The young become old,
And the aged die,

As the dead are buried
And become one with soil,

The meeting between you and me,
It was necessity.

(3288년 8월 21일 목요일 1982년 10월 7일 Thursday)

巫畵 – 山河來 仙巫道化圖 必然 • Korean Peninsula

새벽과 함께 깨어있게 하여 주십시오.
- 님과 함께 깨어있고 싶습니다.

새벽과 함께 깨어있게 하여 주십시오.
- 님과 함께 깨어있고 싶습니다.

아직은 밤바람이 차갑습니다.
밤이 깊어지면
포근한 잠 자리에서 또 하나의 새벽을
꿈꾸게 하여 주십시오.
그 신선하고 맑은 공기와
초록 빛 숲속에서 내 생명이 아직은
끝나지 않았음을
깨닫게 하여 주십시오.

님이여,
아직은 밤 바람이 차갑습니다.
몸속으로 파고드는 바람결의
차가운 감촉처럼
새벽이여,
그대의 영롱한 이슬빛 눈물로
내 의식을 절실한 통곡으로
가득 채워 주소서.

PLEASE BE AWAKE 'TIL DAWN – I want to be awake with thee

Please be awake 'til dawn
–I want to be awake with thee.

Still night air is chilling.
While night deepens
Please again dream a dawn
In a sweet sleep.
Please realize my life has not been ended yet
In the green forest of the fresh and clear air.

Dear,
Still night air is chilling,
Like a cold touch of draft
Penetrating into a dream.
Dawn,
Please with thy sparkling dew of tears
And thy earnest wailing,
Fully fill my senses.

(3289년 4월 3일 일요일 1983년 5월 15일 Sunday)

巫畵 – 山河來 仙巫道化圖 高句麗 氣魄• Korean Peninsula

符節靈歌

– 타오르지 않으리라 –

德有東邦 西郎堂
七燕仙女 季節花
草家山守節巫

타오르지 않으리라.

1.

타오르지 않으리라.
타오르지 않으리라.

재 되어 흔적(痕迹) 없이
스러질 것이라면,
나는 차라리
불타오르지 않으리라.

타오르지 않았으니
꺼지지 않으리니
타지도 꺼지지도 않는 불 –

나는 내 영혼(靈魂)의
불꽃으로 타오르리.

2.

피어나지 않으리라.
피어나지 않으리라.

찬 이슬 아래
시들어질 꽃잎이라면,
나는 차라리
꽃으로 피어나지 않으리라.

피어나지 않았으니
시들지 않으리니
피지도 시들지도 않는 꽃 –

나는 내 靈魂의
꽃송이로 피어나리.

3.

부르지 않으리라.
부르지 않으리라.

드넓은 하늘 멀리
사라져갈 것이라면,
나는 차라리
그대 이름을 부르지 않으리라.
부르지 않았으니

사라지지 않으리니
불려지지도 사라지지도 않는 노래-

나는 내 靈魂의
노래를 부르리.

4.

구(求)하지 않으리라.
구(求)하지 않으리라.

덧없는 세월(歲月) 속에
잃어질 것이라면
나는 차라리
애써 구(求)하지 않으리라.

구(求)하지 않았으니
잃지 않으리니
구(求)하지도 잃지도 않는 땅.

나는 내 靈魂의
집을 구(求)하리라.

A TIMELY SPIRITUAL

- I would not burn up -

I would not burn up

1.

I would not burn up.
I would not burn up.

If I were burned to ash and disappeared without trace,
I would rather not burn up.

Since it did not burn up,
It would not be extinguished;
Fire, being neither burnt nor extinguished.

I would burn up to my soul flame.

2.

I would not blossom.
I would not blossom.

If I were a flower to wither away in the chill dew,
I would rather not blossom.

Since it did not blossom,
It would not wither away;
Flower to neither blossom nor wither.

I would blossom to my soul flower.

3.

I would not call.
I would not call.

If it will die away into the wide open sky,
I would rather not call your name.

Since it was not called,
It would not die away;
Song to be neither called nor die away.
I would sing a song of my soul, your name.

4.

I would not find.
I would not find.

If it will be lost in fleeting time,
I would rather try not to find it.

Since I did not find it,
It would not be lost;
Land to be neither found nor lost.

I would find a home of my soul.

(3288년 4315년 2월 3일 금요일–2월 7일 화요일 1982. 2, 26–3, 2)

巫畵 − 山河來 仙巫道化圖 神山澗水•Korean Peninsula

차거운 빗줄기 —

차거운 빗줄기 —

차거운 빗줄기 —
님이 떠나가신 자리에
님이 부르시는 소리가 들립니다.

옷깃 속으로 파고드는 저녁 바람 —

님은 떠나가시며
아득히 나를 부르십니다.

짙은 가을 바람을 풍기는
비에 젖은 흙냄새 —

님이 떠나가신 후에
비로소 나는
님의 부르심을 들었습니다.

이제, 때는 다가 왔습니다.
나는 가슴 설레이며,
님의 소리를 쫓아 달려갑니다.

멀어져 가는 발자국 소리는
깊은 사랑의 여운 입니다.

님이 떠나가시며
나를 불러주심은
내안에 영원히 머물어 계심입니다.*

(3287년 1981년 10월)

---

* 머물어 ; 머물러

CHILL RAIN STREAK

Chill rain streak –

Chill rain streak –
From the place thou left
Thy calling is heard.

Evening wind penetrating through the collar.

Thou leave far away calling me.

Soaked in rain with the wind
Tinted in the late autumn, scent of soil.

Only after thou left
I heard thy calling.

Now, the time has come.
I am fluttering
And running to chase thy voice.

Footsteps moving far away are
An aftertaste of deep love.

That thou are leaving
And calling me is
Because thou stay in me forever.

巫畵 - 山河來 仙巫道化圖 大韓길 • Korean Peninsula

靈魂回歸

- 和光同塵 -

어느덧 날이 새었습니다.

마침내 님이 오랜 잠에서 깨어나셨습니다.

새벽처럼 님이 눈을 뜨시며
아직은 가시지 않은 어둠 저 멀리로부터
찬바람 가득히 나를 부르고 계십니다.

이제 때는 다가왔습니다.

님이 어둠 속에 나를 버려두신 채
오랜 잠 속에 빠져 계셨음은
새벽처럼
먼- 길을 열어주려 하심입니다.

나는 오랜 방황을 끝내고
님께로 향하는 길목에 나섰습니다.
잠에서 깨이듯 나는 방황의 끝에 섰지만
아직 길을 떠나지 않은 채로 남아 있습니다.

이제 나는 먼 길을 떠나야 합니다.
님이 부르시는 소리를 쫓아
텅-빈 벌판으로부터 먼 하늘가로 이어진
보이지 않는 길을 헤치며
나는 빈 나뭇가지처럼 찬바람 속에 섰습니다.

대지 위의 모든 생명들은
이제 막 그들의 노래를 끝내고
땅속 깊이 긴 휴식을 찾아 들었습니다.

모든 생명들이 잠을 준비하는 이 때에
님이 새벽처럼 나를 부르고 계신 것은
벌판을 스치는 찬 바람 가득히
내 생명을 어루만져 주시려는
깊은 사랑의 소리입니다.

모든 행인들이 그들의 집을 찾아드는
이 때에
먼- 길을 떠나게 하시는 것은
내 영혼(靈魂)가득히 님의 길을 열어 주시려는
영원(永遠)의 마음입니다.

(3287년 10월 12일 일요일 1981년 11월 8일)

【巫家에서 靈魂이란 모든 生命體의 本源이 되는 非物質的 實體.】

SOUL RETURN

Already dawn broke.

At last thou were awakened from a long slumber.

Thou open thy eyes like dawn
And, far away in the still lingering darkness
Are calling me fully in the cold wind.

Now time has come.

That thou left me in the darkness
And fell into a long sleep
Is for clearing a long way like dawn.

I ended a long wandering
And went to a corner of the street toward thee.
Like waking from sleep, I stand at the end of wandering
But I stay without going on my way yet.

Now I have to set off on a long journey.
Chasing after thy calling

And cleaving an unseen way
Stretched from the vacant field to the edge of the sky
I stand in the cold wind like twigs in the distance.

All living things on earth
Now have stopped their songs
And taken a long rest deep into earth.

As all living things preparing for a sleep,
That thou art calling me like dawn
Is a sound of the deep love to caress my life
Fully with the cold wind brushing a field.

As all passersby go to their homes,
Making me go on a long journey
Is an eternal heart to fully fill my soul
And open a way to thee.

巫畵 - 山河來 仙巫道化圖 靈山之氣圖 • Korean Peninsula

福壽草

봄이 오고 있다는 것은 하나의 기적이었다.

죽음보다 더 무서운
차갑고 황량한 겨울
그 무서운 죽음의 겨울을 이겨낸
하나의 생명이
봄과 함께 소생하고 있었다.

그것은 믿어지지 않는 일이였다.

한 조각의 따스한 햇살이
내 그늘진 얼굴 위로 비겨들고 있다는 것이-

님은 그 햇살 속에 봄과 함께 피어 있었다.

(4323년 3296년대 作 1990년대)

ADONIS

That spring was coming was a miracle.

More dreadful than death was
A bleak and desolate winter;
A life that withstood the dreadful winter
Was reviving with spring.

That was unbelievable.

A portion of warm sunlight
Started shining on my gloomy face.

Thou blossomed in the sunlight with spring.

巫畵 －山河來 仙巫道化圖 春分道色變化圖 • Korean Peninsula

제2부

그곳은 하나에 城이였다

그곳은 하나에 城이였다.

한世上을 呻吟을 한다.
世에 겨워 呻吟을 한다.

그곳은 하나에 城이였다.*
아무도 찾아오지 않는 한낮의 성이
담배락 높이 싸져있었다.*

그곳은 하나의 城이였다.
아무도 찾아 주지 않는 한낮의 城이
그 城에 성터를 가로질러*
나는 걷는다. 길을......
... 외 따른......
한밤이오기를 기다리며
그 길을 가겄다고.

土幕民이 자리한 猩亂 資本主義
閉鎖된 壼間, 梱間 속에서 呻吟을 한다.
오늘도 또 오늘도 來日도
또 다른 날들에 歲月을
거쳐도 나는 또 呻吟을 할 것이다.

쪼깐방 쪼깐방 나는 또 오늘도
네게 진 슬픔을 傳하려 呻吟을 한다.
歲月은 가고 變했어도
이 비좁고 어두운 골목 안 骨房 속에서*
쳐 박혀 하나의 세계를 나는 꿈꾼다.

그곳은 하나에 城이였다.
높다란 길 外廓을 지나
基層民主制度 人民民主制度 獨裁
戰犯의 魂을 불러들여오고

閉鎖된 하루 하늘......
그 속에서
나래를 꿈꾼다.
먼 나라에 理想을, 날개를, 달을.......

돛을 단 배를........ 띄워.

(天節紀 3311년 9월 17일 한낮 野積 夜笛에
夜深한 밤 그늘아래서 吟遊詩人 季節花 읊다.)

....

*城 : 안쪽의 것을 城이락하고 바깥쪽의 것을 郭이라고 한다.
*담배락 : 담벼락
*성터 : 城이 있던 자리→城址.
*骨房 : 한반도. 뼈를 묻고 사람이 살 수 있는 땅.

THERE WAS ONCE A CASTLE

I moan for a life,
And groan due to the world.

There was once a castle,
No one has come to see under daylight,
Sieged by the high walls.

There was once a castle,
Never visited under daylight.
Across its ruins
I walked that road,
Aloof alone,
Waiting for the arrival of a midnight to go that way.

Residents in the dugout huts under the raging capitalism,
Closed inside and behind the doors, moan.
If today, and today, tomorrow,
And other days of the years pass
I again will groan.

In the tiny room and the little room,
I also today groan to express the sadness indebted to you;
Though the times passed and changed,
In the alcove at this cramped and dark alley
I'm dreaming a world.

There was once a castle.
Passing the high road and the outskirts,
Grassroots democracy's and people's democracy's autocracy
Calls in the soul of war criminals.

In the sky of the day closed...
In there I dream a soaring;
The ideal of a distant state, the wings, the moon...

Setting a boat with a sail afloat.

巫畵 －山河來 仙巫道化圖 氷魂之神山澗水마을•Korean Peninsula

어둡의 시절

길을 걸으면 햇살이 너무 따가워
눈을 뜰 수가 없다.
빛 속에 드러나는 眩亂한 色彩들이
나를 혼돈 속으로 몰아넣는다.
하늘과 땅이 뒤엉켜 있고
거리와 車道가
뒤틀려 흔들린다.

밤 보다 더 어두운 이 都市에서
내가 설 곳은 어디인가.

어둠 속의 날들,

어둠의 時節.

(年代未詳不問 1980년-1990년 사이)

YEARS OF DARKNESS

While walking along a path
The sunlight is so bright
That eyes cannot be opened.
Radiant colors revealed in the lights
Drive me into chaos.
Heaven and earth are entangled
Sidewalks and driveways are warped to sway.

In this city darker than the night
Where will I stand?

Days in darkness,

Years of darkness.

巫畵 ―山河來 仙巫道化圖 神山澗水마을• Korean Peninsula

삶을........

내 방에서
시계는 죽어 있는지 오래이고
벌써
몇날째인가
사람의 말소리도 들리지 않는다.

깨어진 거울 속에 조각난 形象들은*
저마다의 외마디 비명을 질러댄다.

사는 것이 이다지도
서럽디 서러워
밤새워 울며
또 울었읍니다.

(3291년 4월 2일 화요일 1985년 5월 21일 舊擺撥 魔鬼 할머니 집)

....

*형상(形象→形狀 shape) : 시간

LIVING...

In my room
A clock died long ago,
Already for several days
voices from people have not been heard.

Time fragments in the broken mirror
Are letting out a shriek of their own.

As living is so, so
Sad and sorrowful,
I wept all night long
And again wept.

巫畵 –山河來 仙巫道化圖 中華人民共和國 中國 農民工 • Korean Peninsula

種의 起源

선택받은 자가 아닌 선택되어진 자
야망을 지닐 수 있는 것,
인류애의 시간, 책임감, 구속,
영웅, 천재. – 이 세계를 이끌어가는 지도자.
이는 모두가 선택되어진 자들이다.

꿈을 지닐 수 있다는 그 자체,
야망을 상실하고 실현 할 수 있다는 그 자체,
그것은 평범한 사실이 아니다.

인간의 계단 – 차원.

천재, 인간적, 똑똑한 사람
↕ ↕ ↕
바보 짐승 모자란 사람

최초의 사람 생명의 씨
평범한 세상에 알려지지 않은 사람
그러나 그 사람이 바로 새로운 種의 인간이었다는 것을 아무도 몰랐다.

그의 자식이 지금쯤 어디에선가 살고 있을 것이다.

그와 같은 삶을 ....

그의 출생. 부모. 가문.
↓ ↓ ↓
성장기. 환경. 이성.
↓ ↓ ↓
장년 결혼 性.

죽음.

노년 출생시부터. 버림받은 생.

중성 → 감성이 없는 지성.

② 거지노인. → 한겨울.

(4315년 3288년 9월 10일 1982, 10, 26 화요일)

THE ORIGIN OF SPECIES

The chosen people,
Or rather, the people who happened to be chosen
Can have ambitions,
Time for love of mankind, responsibilities, restrictions...
Heroes, Genii – leaders to lead this world.
These all happened to be chosen.

To have a dream itself,
And lose ambition or achieve itself,
That is not an ordinary truth.

Classes of man – dimension.

Genius, human, smart person
↕ ↕ ↕
Fool animal dull person

The first man, the seed of life,
The person who is not known to the common world.
But that he happened to be the new species of mankind
Did no one know.

His children would live somewhere now.
Such a living

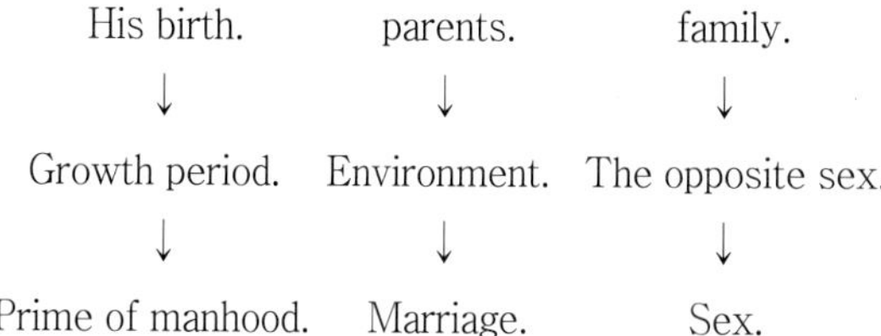

Death.

Old age　from the birth. Deserted life.
Neutrality → Intelligence without sensibility

② Old beggar. → midwinter.

巫畵 –山河來 仙巫道化圖 種의 起源 • Korean Peninsula

靈魂의 바다

1.

바다가 그리워

생명의 깊은 뿌리가 숨쉬고 있는 곳

갈 곳이 없는 여인네는 바다로 가야지.

잃어버린 시절을 향해 손짓하면
날아 올 듯한 갈매기
그 갈매기의 울음 소리를 들으며

기억에도 없는 고향을 더듬는다.

바닷가 —

한 포기의 풀조차 피울 수 없는 서름이 있어
검게 그을린 돌덩이를 움켜쥐고
몸으로 부딪치며 흩어져 우는 파도여,

갈 곳이 없는 여인네는

바다가 그리워
이제도 마냥 천년 시름을
갈매기의 넋으로 울어 나른다.

2.

바다가 나를 부르고 있어.
어두운 밤,
아무도 모르는 바다의 고독이
나를 부르고 있어.

모든 것을 잊기로 했지. 먼지를 털어 내듯이
바다로 가기 위해서
모든 것으로부터 떠나기로 했지.

악몽에서 깨어나듯이
너에 대한 모든 기억을 잊기로 했지.

아, 가슴 터질 듯이 아픈 나의 사랑이여,
너의 슬픔처럼 모성의 눈짓으로
바다가 나를 부르고 있어

3.

바다는 겨울의 한 중심에 놓여 있었다.

겨울 바다 —
바다는 겨울이었어.

지금 바다는 가장 바다스럽게 숨을 쉬고
비릿한 물냄새는 젖무덤으로 부풀어 오른
어머니의 고향.

그 고향 언덕 너머로 불어오는 바람처럼
바다는 천년 시름을 부둥켜안고
회오리로 몸부림치다, 몸부림치다
바위에 부딪치는 파도로 운다.

갈 곳이 없는 여인네는 바다로 가야지.

(4316년 3289년 11월 14일 1983년 12월 17일 토요일)

SEA OF SOUL

1.

Missing the sea,

Where a deep root of life breathes,

A woman who has no place to go
Should go to the sea;

If waving to the lost years,
A sea gull seems to come,
Listening to the sea gull's cries,

I recall a hometown that wasn't in memory.

Seashore –

With the sorrow not to have a grass
Holding onto a blackened stone
Being crushed and shattered, sobbing waves,
A woman who has no place to go,

Missing the sea,
Now delivers, by crying as a soul of a sea gull,
Endlessly the thousand year–old agony.

2.

The sea is calling me.
In the dark night,
The solitude of the sea no one knows
Is calling me.

I decided to forget all things like dusting off;
To go to the sea,
I planned to leave all things.

Like waking from a nightmare
I decided to forget all memories of you.

Ah, My love, anguished like a broken heart,
With mother's eyeing like your sorrow
The sea is calling me.

3.

The sea was centered in winter.

The winter sea –
The sea was winter.

Now, the sea breathes just like the sea,
Its fishy smell swells up like mother's bosoms,
And it is mother's hometown.

Like the wind blowing over the hill of the hometown,
The sea holding the thousand year–old agony,
Writhing like a whirlwind, writhing,
Is being crushed on the rocks into the wailing waves.

A woman who has no place to go
Should go to the sea.

너는 누구인가

德有東邦 西郎堂
七燕仙女 季節花
草家山守節巫

너는 누구인가.

1.

너는 누구인가.

나의 오랜 잠을 흔들어 깨우며
내 생명(生命) 깊은 뿌리를 파헤치고 있는 자(者).
너는 어둠 속에 비껴드는
한 줄기 섬광(閃光)처럼
우주(宇宙)의 슬픔을 읊조리고 있구나.

너는 누구인가.

어느 날 갑자기
잃어버린 내 본향(本鄕)의
먼 기억을 되돌려주고
머리칼을 스쳐가는 안개 바람처럼

내 이름을 숨죽여 부르고 있는 너.

너는 그지도 고요히*
나의 하늘을 뒤흔들고 있었다.

너는 누구인가.

내 육신(肉身) 깊이 깊이
감추어져 있는 생명(生命)의 비밀(秘密)을
파헤치듯이
한번도 보이지 않은 슬픔의 덩어리를
한꺼번에 끄집어내어
내 작은 꿈의 나라를
통곡(痛哭)의 바다로 만들고 있는 너.

너는 그지도 고요히
내게로 가까이 다가서 있지만,
나는 끝내 너를 알 수가 없구나.

2.

너는 누구인가.

어느 날 갑자기 내 오랜 잠을 흔들어 깨우며
다가든 사람.
세상(世上)의 종말(終末)을 꿈꾸던 그 우울(憂鬱)한 날 아침,

너는 신(神)의 숨결처럼 내 생명(生命) 깊숙이
헤집고 들었다.

너는 누구인가.

잊혀진 내 본향(本鄕)의 먼 기억(記憶)을 되살려 주고
태초(太初)의 내 존재(存在)를 생각케 해준 너.
너는 도대체(都大體) 누구냐?

깊은 밤, 한순간 몰아닥친 폭풍우(暴風雨)처럼
내 혼(魂)을 송두리채 거센 파도(波濤) 속으로*
던져 버렸다가는,
새벽빛과 함께
거짓말처럼 잔잔(潺潺)해진 수면(水面)위로
피로(疲勞)한 영혼(靈魂)을 불러내곤 하는구나.

투영(投影)된 실체(實體)의 그림자 속에서
진리(眞理)를 찾는다는 것은 어리석은 짓인지도 몰라.
나는 무엇 때문에 이 세상(世上)에 존재(存在)하지도 않는
거리를 찾아 방황(彷徨)하는 것일까.

너는 거울 속에 비춰진 내 영혼(靈魂)의 모습처럼
항시(恒時) 내 안에 살아 숨쉬고,
살랑이는 바람결 속에서도
나는 너의 체취(體臭)를 느낀다.

너는 먼- 옛날,
내 깊은 자궁(子宮) 속에 무덤을 이루고 죽어간
내 잃어버린 아이인지도 몰라.
그렇다. 너의 눈빛 속에는
한번도 본적이 없는 내 아이의
미소(微笑)가 어려 있다.

이 세상(世上)에 태어나지도 못하고 죽어간
내 아이의 영혼(靈魂)이 울고 있다.

(天節紀 3287년 檀紀 4314년 1981년 8월)

* 그지도 ; 그리도 지극히.
* 송두리채[묻心의 日常言語] ; 송두리째

WHO ARE YOU

Who are you.

1.

Who are you.

Shaking me to be awakened from my long sleep
And digging up the deep root of my life, you.
You, like a streak of flash cleaving the darkness
Are reciting sorrows of the universe

Who are you.

One day, suddenly
Reminding me of the faded memory of my lost hometown,
Like the foggy wind brushing my hair
Soundlessly calling my name, you.

You so, so quietly were shaking my sky upside-down.

Who are you.

Like revealing the secret of life
Hidden deep and deeply in my flesh
Taking out at once
A lump of the sorrow never shown
And turning a world of my little dream
Into a sea of wailing, you.

Even if you so, so quietly stand close to me,
I could not know you to the last.

2.

Who are you.

One day suddenly
Shaking me to be awakened from my long sleep
And coming to me, a person.
That gloomy morning dreaming an end of the world,
You delved deep into my life like God's breath.

Who are you.

Reminding me of the faded memory of my lost hometown
And letting me know my being in the beginning,
You are.

Who on earth are you?

At a deep night,
Like a storm coming up in an instant
Throwing all my soul into wild waves
And then to the waters incredibly calmed with the light of dawn
Calling the fatigued soul

In a projected shadow of substance
To find truth may be foolish.
For what am I wandering
Around nonexistent streets in this world?

You, like a figure of my soul reflected in a mirror
Always breathe alive in me;
Even in the whispering wind
I sense your smell.

You long ago
Might die to a grave deep inside my womb
And be my lost child.
So it is.
In your eyes
Is lingering a smile of my child I never saw.

Without being born of death in this world
The soul of my child is crying.

巫畵 — 山河來 仙巫道化圖 血 • Korean Peninsula

한 낮

저-쪽 숲-속
숲-속 숲-속 길에서

두 마리의 까치가
나르고 있어요.

아직 한-낮의
熱氣도 채 식기도 前.

A MIDDAY

Over there, forest−inside
Forest−inside, forest−inside at a road,

Two crows
Are wafting

Before the midday heat cools down.

巫畵 ―山河來　仙巫道化圖 神山澗水마을 • Korean Peninsula

恨歎의 鬱憤 속에서

머-언 날愛 사리운 罪蔭을
소리없이 일깨우는 全鮮의 奇籍임을
나는 알 것만 같습니다.

山寺의 梵鐘소리
온 天地天函을 움추려 울려줍니다.

머-언 날愛 홀로 익은
世俗의 煩惱民에
美風은 살랑이며 흔들립니다.

작은 새새한 바람 새로
흔들리는 마른 풀 잔가지
微塵임을 알 것만 같습니다.

餘韻히 남은 한 잎
초사흘 여드렛날
말없이 黙없이 쥐여보는 한 줌의 흙덩이
香없이 익어버린 鄕園의 恒心源
怨없이 쥐여보는 한 줌의 흙덩이

오늘도 어제도 아니 잊고
먼 훗날 그 훗-길에
恨歎의 소리 없는 罪蔭이 鬱憤 속에
이 식어버린 香爐를 움켜줘 울려줍니다.

아무 뜻없이
無任 없는 情으로
머-언 날愛 사리운
그 슬픔을
그늘 속 가득히 일깨웁니다.

- 靈魂의 香
靈魂을 불러일으키는 곳- 香爐

(季節花 어린 날에 草家에서 읊다.)

IN A LAMENTING PENT-UP FURY

In a distant future veiled shadow of crime
Silently being awakened as a miracle for Korea
Would I feel like knowing.

The sound of a temple bell
Reverberates through all the universe.

In a distant future
In lonely ripened mundane world to the agony-stricken
Laudable customs rustle and sway.

In intermittent breezes
Swaying dried grass, twigs and fine dust
Would I feel like knowing.

On a leaf with a trailing tint
And a protrusion of shallows
Heaven's blessings flow down.

On the day of three and eight
Grasped without words and silence, a fistful of soil

A handful of incense cooled down without ash,
An unaltered origin of the home garden,
Ripened without fragrance
A fistful of soil grasped without a wish

Today and yesterday not forgotten
In the distant future and on its future way
Lamenting silent shadow of crime in a pent–up fury
Grabs and raises this cooled censer.

With no meaning
And with affection without responsibility
In a distant future the sorrow deeply rooted
In the shadow is fully awakened.

–Incense of spirits
　A place to arouse spirits – a censer

巫畵 ―山河來 仙巫道化圖 ―月天 • Korean Peninsula THERE WAS ONCE A CASTLE

耽溺

내가 눈을 뜨는 까닭은.

내가 눈을 뜨는 까닭은
外面 할 수 없는
새벽이 있기 때문.

다만
외면 할 수 없는
현실이
나를
단잠에서 깨운다.

새벽—
너는 현실
차겹고 무서운 現實.

어둠의 장막을
갈기 갈기 찢어버리며 달려드는
삵괭이—*
살쾡이의 파란 눈.

— 殺氣.

그 빛 속에서
나는
오늘을 耽溺한다.

굶주린 늑대 떼가
人肉을 탐닉하듯이
나는 너를 탐닉한다.

새벽 ! —
아 ! —
내가 눈을 뜨는 까닭은
외면 할 수 없는
새벽과
그리고
耽溺 할 人肉이 있기 때문.

(4315년 3288년 閏 4월 16일 1982년 6월 7일 월요일)

…………………………………………
* 삵괭이 ; 살쾡이

INDULGENCE

A reason I awaken,

The reason I awaken is
Because there is a dawn not to be avoided.

Only an unavoidable reality
Wakes me from a sound sleep.

Dawn—
It is a reality,
A cold and heavy reality.

Tearing the mantle of darkness into threads
And springing,
A wildcat;
Blue eyes of the wildcat
—Ferocity.

In the light
I am indulged in today.

As a pack of hungry wolves
Covet human flesh,
I am indulged in you.

Dawn!
Ah! A reason I awaken is
Because there is an unavoidable dawn
And a human flesh to be indulged in.

巫畵 – 山河來 仙巫道化 海龍解寃圖 • Korean Peninsula

氷魂

강물이 흐르듯,
두터운 빙판 아래로 강물이 흘러가듯
멈추지 않는 물줄기는
너의 끈질긴 목숨.

그 길고 지루한 겨울 속에서도
봄은 끝내 움트고 있었구나.

얼어붙은 흙덩이를 부둥켜안으며
삭풍처럼 울어대던
빈 들판,
그 들녘 한 가운데
우두커니 선 너는
아직은 앙상한 가지인 채로 였다.

얼어붙은 강변에
시간은 멈추어 있었고
모든 것은 끝나 있었다.

그러나 너는
흐르지 않는 강물 아래 숨겨있는

보이지 않는 물줄기를 알고 있었지.

죽음,
그 아래로 깊숙한 곳에 자리한
생명의 줄기
그 생명의 줄기가
봄의 빛으로 피어오른다.

氷魂!
내 님의 넋이여……

〈氷魂〉 3290季 2月 5日 수요일-3294季 1984年 3월 7일-1988년

PLUM BLOSSOM

As a river flows
And as it flows under the thick ice,
An incessant stream of water is
Your unremitting life.

Even in the long and dreary winter
Spring is sprouting at last.

Holding onto the frozen earth
And crying like Boreas in a vacant field,
In the middle of the field
You stood with bare twigs.

At the frozen riverside
Time stopped and everything ended.

But you knew an unseen stream
Hidden under the frozen river.

Death,
Deep down below it,
Stem of life
Stem of the life is rising to the color of spring.

Plum blossom!
A soul of my love.....

巫畵 ー 山河來　仙巫道化 氷墓之氣靈山圖 • Korean Peninsula

氷墓

굴욕의 밥을 먹고 사느니
차라리 굶어
신성한 臨終을 맞이하리라

인간들의 쓰레기를 주어먹는
개처럼 살 바에야
차라리 들풀을 뜯는
이슬로 배를 채우는
풀벌레가 되리라

썩은 냄새가 구토를 일으키는
오물을 먹고 희히락낙 살이 쪄 비뚱대는*
도야지 돼지가 될 바에야
아! 나는 차라리
눈부신 雪夜에 白雪의 들판에서
죽어도 썩지 않는
氷墓를 이루리라.

〈氷墓〉 3289秊 12月 7日 1984年 1월 9일 월요일

....

*희히락낙 ; 喜喜樂樂

FROZEN GRAVE

In stead of living on disgrace
I'd rather starve
To greet my refreshing deathbed

In stead of living like a dog
Scavenging for human's garbage
I'd rather be an insect
To chew field grass
And fill my stomach with dew

In stead of becoming a hog,
A swine gulping revolting garbage with stinking smells
To happily be fat and stagger,
Ah, on a glittering snowy night
On a field covered with white snow
I'd rather die to become a never–rotten frozen grave.

巫畵 – 山河來 仙巫道化 氷雨心化圖 • Korean Peninsula

回蘇心

–도시의 우울–

7.

도시의 암흑을 뚫고 폭풍우는 내려도
시멘트 바닥 밑에 누워있는
生命의 씨는 깨우지 못하리니.

공해에 시들어가는 가로수 줄기위로
빗줄기는 떨어져도
그의 목마름을 풀어 줄 수 없으리라.

답답한 가슴들 마다
빗속을 달리고 싶어도
아 ! 죽음의 비를 이대로는
맞을 수 없는 안타까움에
그저 스산한 마음만 먼 바다 위를 떠가고,

곰팡이가 번지는 방구석에서
나는 흙냄새가 그리워 울고 있었다.

(4316년 3289년 6월 16일 월. 1983년 7월 25일)

DESIRE TO REVIVE

– GLOOM OF CITY –

7.

Thunderstorms coming down through the city's darkness
Couldn't wake up the seed of life
Lying below cement pavements.

Raindrops falling down on the stems of street trees
Withering in polluted air
Couldn't quench their thirst.

Every stifled heart
Wants to run through rain, though.
Alas! In a pity not to greet the rain of death in this way
Only a lonely heart is floating out at sea.

In the corner of a room gathering mildew
I was sobbing from longing for scent of earth.

巫畵 － 山河來 仙巫道化 氷墓之氣 原爆之冤魂圖 • Korean Peninsula

-히로시마의 비문 [Hiroshima廣島] 哀哀哭聲 -

原爆之冤魂歌

주검속의 죽음
죽음속의 주검
거대한 무덤의 도시 히로시마
그 잊혀진 殘骸, 주검위에
反人倫의 씨앗을 잠재우리니
너의 그 차거운 주검 아래
原爆의 礎石을 세운다.
世界 惡을 向한 絶叫
時空이 停止된 碑文을 새기노니
冤魂의 恨 魂冤의 怨
핏물 맺힌 辱의 恨
그 모든 命을 거두어
平和의 장막이 되게 하라.
....
어허야
어허어야
세상사가 흿뿌리니
씻뿌린다.
우리네 인생사 하염없다 이르러
冤怨이 恨을 풀고저 해돋음 발돋음 하리오리........

EULOGY TO THE FALLEN FROM ATOMIC BOMBING

Death in corpses
Corpses in death
Hiroshima, the city of a gigantic tomb
On the forgotten remains, the corpses
We will put a seed of inhumanity to sleep.
Under your cold corpses,
We will erect the foundation of the atomic bombing;
Scream to World Evil.
We inscribe an epitaph where time and space stop;
In rancor of vindictive spirits and their grudge,
Bloodstained rancor in the fallen,
Collecting all the lives,
Let them be the mantle of peace.
....
Ah.
Ah—
Worldly affairs were dispersed
and then seeded.
Our life becomes endless;
To resolve the rancor of the vindictive spirits,
Should we raise the sun and take a step forward.

仙巫道化圖 – 人間의 悲愛 EULOGY TO THE FALLEN FROM ATOMIC BOMBING • Korean Peninsula

내가 본 東京

무슨 원한(冤恨)이 맺혔기에
이리도 까마귀 떼
범람(汎濫)하듯 날나드는가 *
까악까악깍악 까까까

아침,

한낮에 아침부터 저녁녘까지
해 늦도록 밤 깊도록 새벽녘까지

동경(東京),

그 무슨 이유(理由)일까? 연유(緣由)일런지!

제이차세계대전(第二次世界大戰)
동경은,
한낮에 비가 나린다.*
뜨거운 열기(熱氣)도 없이
우수(憂愁)같은 비 빗방울이 핏물져 빗물이 되
쏟아 내린다.

동경의 밤, 밤 거리는 타락(墮落)에 변태행위(變態行爲) 흥유가 (蠢揄街)이다.*

동경,
에즈런히 안타깝다*
전쟁폐허(戰爭廢墟) 폐허국(廢墟國)이
처절(悽絶)하게 짓밟힌 변태행각(變態行脚)
타락(墮落)의 도시(都市) 변정(辨正)의 도시 라니……

경제대국(經濟大國)
오늘의 일본(日本) 일본은 어디에……
밤 거리 흩어진 잔해(殘骸) 속에
잔악(殘惡)하리 만치 그지없이
살기(殺氣)가 돈는다.

전쟁,
갈 곳 없는 인혼(人魂)들이 주검 주검이 되어*
비들기집 같은
빡스집을 짓고*
잔다.

어스름한
불빛에
새벽이 올 때까지
전쟁의 상흔(傷痕)들이*
까각깍 짖어대는
아침부터 흐릿해 핏물이 내려 방울져 웁니다.

(4335년 天節紀 3308年 3月9日 2002년 4월21일)

…………………………………………………………………………

* 날나드는가[묻언(諺)] : 무엇을 나르듯 날아든다는 뜻 '날다'.
* 나린다 : 내린다.
* 에즈련히 : 애즈련히와 뜻이 다름. 애즈련히 원자의 논리 에즈련히 타자의 논리.
* 주검 : 송장 시체
* 빡스[묻어] : 박스 / * 흥유가(龘堬街) : 흥류가(龘瀏街)
* 상흔(傷痕) : 인혼(人魂)의 넋 혼령(魂靈).
* 흥유가(龘堬街) : 흥류가(龘瀏街) 세계(世界) 삼파장(三派場) 자본주의, 사회주의, 비동맹국가연합의 무덤의 거리를 뜻함.

TOKYO I SAW

What rancor is pent up
Like this, a flock of crows flooded in,
Kaak! kaak! kakak! kakaka!

Morn,

During the day from morning to evening;
To dusk, midnight and dawn

Tokyo

What reason is there? What cause!

The Second World War's
Tokyo,
During the day it rains.
Without hot heat
Rain like in a cold season,
Drops then bloodstained form a stream, pouring down.

Tokyo night, whose streets teem
With perverted acts of downfall to a boulevard of vice

Tokyo
Is a pity
Its war—ruined, ruined country
Desperately tramped by perversion
It is the city of downfall and of correction

The economic giant,
Today's Japan, where is Japan...
In ruins scattered in night streets,
Murderous spirit, endless as merciless, rises.

War,
Ghosts without a place to go turned to corpses and corpses,
Sleep in a box of a house built like a pigeon coop.

Under a dim light until dawn
Ghosts of the war from cawing morn, cloudy
Are being shedded to bloodstained drops.

巫畵 – 山河來 仙巫道化圖 神山澗水마을. 東京•Korean Peninsula

제3부

자유의 노래 생명의 노래

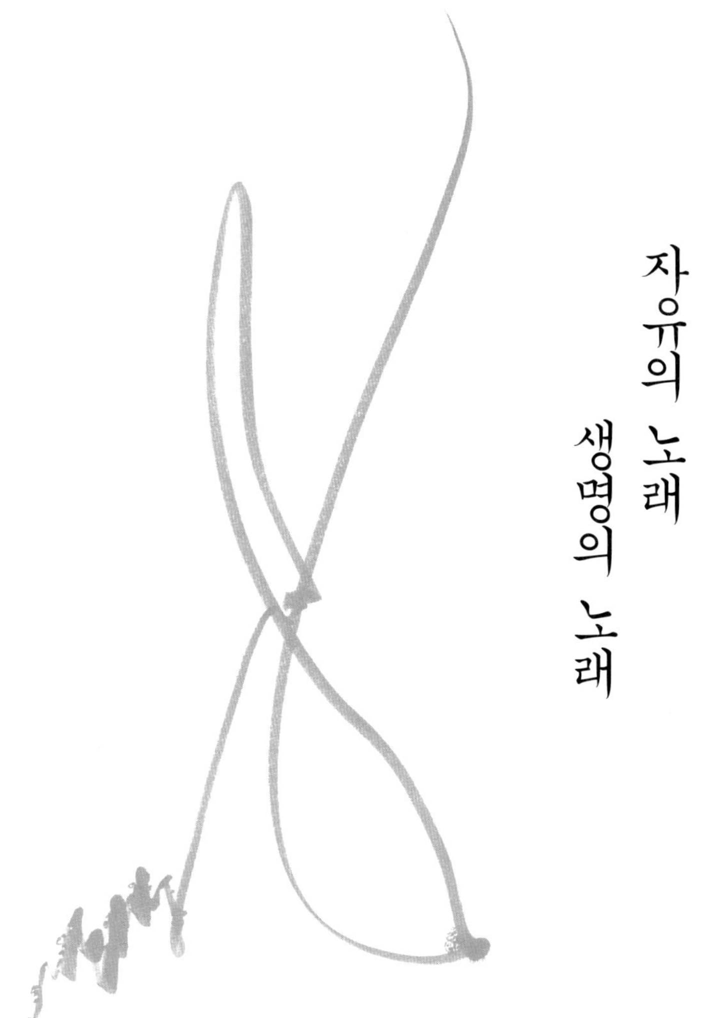

자유의 노래.
생명의 노래.

그는 하늘이 되고 싶으면 하늘이 되었다.
그는 새가 되고 싶으면 새가 되었고
그는 바다가 되고 싶으면 바다가 되었다.
그는 꽃이 되고 싶으면 꽃이 되었다.
그는 산이 되고 싶으면 산이 되었다.
그는 들소가 되고 싶으면 들소가 되었다.
그는 나무가 되고 싶으면 나무가 되었다.
그는 바람이 되고 싶으면 바람이 되었다.
그는 그 무엇이라도
그가 되고 싶은 것을 마음속에 품기만 하면
무엇이던지 다 되었다.

그는 가슴이 답답하면 하늘이 되었고
그는 슬픔을 못이겨 울고 싶으면
먹구름이 되었다.
그는 바다가 그리우면 물새가 되었다.
그는 멀리 떠나고 싶으면 바람이 되었다.

그는 산에 오르고 싶으면 사슴이 되었고
들판을 달리고 싶으면 들소가 되었다.
그는 노래를 부르고 싶으면
산새가 되고
님을 그리고 싶으면 꽃이 되었다.
그는 그가 하고 싶은 일이 있으면
무엇이라도 다 할 수 있었다.

(3288년 9월 23일 월요일 1982년 11월 8일)

SONG OF FREEDOM; SONG OF LIFE

If he wanted to be the sky,
He would become one.
If he wanted to be a bird,
He would become one.
If he wanted to be the sea,
He would become one.
If he wanted to be a flower,
He would become one.
If he wanted to be a mountain,
He would become one.
If he wanted to be a bison,
He would become one.
If he wanted to be a tree,
He would become one.
If he wanted to be the wind,
He would become one.
If he thought whatever he wanted to be,
He would become it.

If he felt oppressed in the breast,
He would become the sky.
If he couldn't stand his sorrows and wanted to cry,
He would become dark clouds.
If he longed for the sea,
He would become a seabird.
If he wanted to go far away,
He would become the wind.
If he wanted to climb a mountain,
He would become a deer.
If he wanted to run on the fields,
He would become a bison.
If he wanted to sing,
He would become a mountain bird.
If he wanted to long for his love,
He would become a flower.
If there was whatever he wanted to do,
He could do it all.

巫畵 ‒ 山河來 仙巫道化圖 自由 • Korean Peninsula

우리들의 노래

우리는 우리들의
노래를 부르자.
하늘의 노래
땅의 노래를.

하늘에는 태양과 별과 달과
구름과 바람의 노래가 있고
땅에는 꽃과 풀잎의, 그리고
生命의 슬픈 노래가 있느니.

우리는 다만
우리들의 노래를 부르자.

해가 지고 별과 달이
떨어진다 할지라도,
꽃이 지고 풀잎이 시들어도
우리는 우리들의 노래를 부르리라.

아름다운 生命의 노래를.—

(4315년 3288년 1982년 5월)

OUR SONGS

Let's sing our songs,
Songs of heavens,
Songs of earth.

In the heavens there are
Songs of the sun, the stars, the moon,
Clouds and the winds;
In the earth there are
Songs of flowers and leaves
And sad songs of life.

Let's just
Sing our songs.

Even though the sun sets,
The stars and the moon go down,
Flowers fall and leaves wither,
We'll sing our songs,

Beautiful songs of life.

巫畵 – 山河來 仙巫道化圖 평화의 노래 • Korean Peninsula

反 芻

나 이제 그만 돌아가고 싶다
내 어머니의 가슴처럼
풍부한 젖이 흐르고
아버지의 무한한 사랑이 있는 땅
나 이제 그만 내 집으로 돌아가고 싶어라.

생명의 비를 내리시는 님이여
이 몸에도 님의 빗줄기를 적시옵소서
모든 이들이 가슴깊이 적시어
대지의 진실을 알게 하소서.

내 생명 한줄기 바람이외다.
계속 →
↓

(天節紀 3292년 10월 4319년)

RUMINATION

I now want to return
To the land flowing with milk like my mother's bosoms
And feel father's immense love;
I now want to return to my home.

My love, showering rain of life
Please drench this body with thy streaks of rain;
By soaking everyone to his heart
Please let him know the truth of earth

My life is a whiff of wind.
Continues →
↓

巫畵 － 山河來 仙巫道化圖 反核 • Korean Peninsula

꿈꾸는 소년에게

모든 것이 다 쓸데없는 想念.
分明한 것은 實存 그리고 自我.
깨어나라.
꿈꾸는 젊은 魂이여,

幻想의 껍질을 벗고
純粹한 네 모습으로 일어나라.
온갖 煩惱의 사슬을 끊어 버리고
길고 긴 惡夢에서 깨어나라.

그 모든 것이 다 아무 것도 아니다.
너를 괴롭히는 그 煩惱의 正體는
但只, 아침 햇살아래 사라져버릴 헛깨비
너를 破滅로 이끌려는
惡魔의 장난질.
너는 只今 惡魔의 노리개가 되어
그의 欲求를 채우고 있을 뿐.

惡은 너의 本性이 아니다.
너는 宇宙의 實體

無限한 可能性을 품고 있는 어미닭.
가여운 나의 魂이여,
이제 그만 깨어 일어나라.
잃어버린 自我를 찾아 길을 떠나자.
아직은 이른 새벽이긴 하나
먼-동이 트고 있다.

(4316년 3289년 1983년 11월 26일)

To A DREAMING BOY

All are totally useless thoughts;
What is obvious is a reality and a self.
Wake up, dreaming young soul.

Take off the shell of illusion
And rise up as your pure self;
Break the chains of all agonies
And wake up from the long nightmare.

All those things are nothing;
The true nature of the anguish to torment you is
Only a phantom to disappear under morning's sunlight,
Demon's mischief leading to your destruction;
You now become a demon's plaything
Only to satisfy his desire.

Evil is not your nature;
You are a substance of the universe,
Brooding on boundless possibilities like a hen.

My poor soul,
Now wake up;
Let's go to search for my lost self.
It is still early dawn;
But dawn is breaking.

巫畵 – 山河來 仙巫道化圖 金童아이•Korean Peninsula

青天極樂

내님아
구름이 구름이 서로 다툴 필요가 없나봐
하늘이 너무 넓어서 높아서
그래서 사람이 하늘을 보라고
사람들을……
……저렇게 비었나봐

내님아
구름은 구름이 서로 다툴 필요가 없나봐
왜 ?
하늘이 너무 넓어서 서로 비빌 때가 없어서
그래서 사람들이 하늘을 보라고
저렇게 파아라안히 비었나봐……
………………………………………
사람을 보라고.

(檀紀 4339. 天節紀 3312. 7. 26. 2006年 저녁무렵)

HEAVENLY BLUE SKY

My Love,
Clouds and clouds need no fight
The sky is so vast and haughty,
And it shows people
To be so empty

My Love,
Clouds need not fight each other
Why?
The sky is so wide
That it has nothing to be leaned against
And wants people to see
So blue and vacant·······
·······································
And to see people

巫畵 - 山河來 仙巫道化圖 春界之氣圖 • Korean Peninsula

恒兒

봄이 오는 소리와 함께
낙엽이 진다.

여름날, 그 기나긴 날들에
햇살을 잊어 —
—낙엽이 진다.

노랑 연두 빨강……

한 여름 밤에
겨울을 재촉하듯

봄이 오는 소리와 함께
낙엽이 진다.
노랑 연두 빨강이가.

(어린날에 草家에서 읊다)

A CHILD FOREVER

With sounds of spring
Dead leaves have fallen;

On summer days, such long days losing the sun,
The leaves have fallen;

Yellow, pale green, red…

One summer night as hastening winter

With sounds of spring
Dead leaves have fallen;

The yellow, the pale green, and the red.

仙巫道化圖 – 山河來 우령산[世界三波長 獨島] • Korean Peninsula

꽃밭이 있습니다.

항상 나는
길 언저리에 꽃밭이 있습니다.
아주 작은 꽃밭이
담장이 위엔 팔월녘 나팔꽃이 넝쿨채 어렁겨 해맑음 속
피고짐을 그립니다.

이제 다 됐나 한해살이에 겨워
씨를 맺고자 얼엉켜........

나는 항상 꽃밭이 있습니다.
아주 작은 산빗탈 녁에*
꽃밭이 있습니다.
해질 무렵
아무도 찾아주지 않는
산비탈 녘에
고갯마루에 계절을 노래한 듯 가을을 부르며
코스모스 한들 비바람 그 뒷날 폭풍우에 떨며
쓰러져 울려 피어있습니다 한 아름이 가득히

한생에 사랑을 노래하듯
청초 하늘이 맑게 갠 모습처럼
소담스레 피어있습니다.

그저 세월아 한 세월이 그렇거니 그립거늘
한 세상이 그렇거니 한듯 피어 있습니다.

항상 나는
길한 언저리에 산비탈녘 후미진 곳에 자리한
꽃밭이 있습니다.

― 세계평화의 길목에선 한반도 ―

(4338. 331. 8. 23. 2005年 한낮 한낱 해질무렵 저녁 석양역)

---

*녁 : 녘과는 뜻이 다름 녘은 방향을 의미 녁은 자리 위치 장소 곳을 이름.

THERE IS A FLOWER BED

Always I,
At a roadside was a flower bed.
In the very small flower bed,
Over an ivy—leaved morning glory
In an August evening entangled in brightness
Long for blooming, and withering.

Now done and tired in a yearly life
Being entangled to bear seeds

I always
At a very small mountain slope
Is a flower bed.
At dusk
In the mountain slope no one visits
Like singing a season from a hilltop
Calling autumn,
Cosmoses trembling by the storm
The day after swaying rain and wind,
Fell down in bloom, a full armful of bloom,

Like singing love for life
As the neat sky clears
Blossom nicely.

Just times, longing so much for the times
Blossoming as the world does.

Always I
At a roadside, a cove of the mountain slope
Is a flower bed.

巫畵 – 仙巫道化 饗宴地天春氣圖 • Korean Peninsula

내 그대를 사랑하듯

1.

가난을 수랑하며 살리라
내 그대를 사랑하듯
한평생 청빈과 더불어 살리라.

물욕에 눈이 어두워 허둥대는 자들을
불쌍히 내려다보며,
세상의 온갖 욕망에 사로잡힌 자들을
측은히 여기며,
나 모든 허위에서 벗어나
초목처럼 푸르게 살아가리라.
노송처럼 고고히 살아가리라.

2.

고독을 사랑하며 살리라.
　　내 그대를 사랑하듯
홀로 선 고목처럼 살아가리라.

생명 자체는 찬란하나
　　그 영혼은 고독한 것.

고독을 두려워하는 자들이여,
그대가 도망치면 칠수록 더욱더 그대는
파멸의 늪으로 빠져들 뿐이리니,
그대들,
고독 속에서 잃어버린 自我를 찾으라.

고독을 두려워 말라.
고독을 연인처럼 사랑하라.
그리하면 그대는 이제 고독하지 않으리니.

슬픔을 사랑하며 살리라.
　　내 그대를 사랑하듯
진정으로 가난한 이들을 위해
나 눈물 흘리리라.

(4317년 3290년 閏月 10월 17일 일요일 1984년 12월 9일)

AS I LOVE THEE

1.

I'll live with love of poverty
As I love thee;
I'll live a clean life with lifelong frugality.

Looking down with pity
Those who are blind and busy with greed for the worldly,
Feeling pity on
Those who are imprisoned by all their desires,
And being away from all my fallacies,
I'll live fresh like plants
And live lofty like aged pines.

2.

I'll live loving solitude
        As I love thee;
I'll live like a withered tree standing alone.
        Life itself is radiant
But its soul is lonely.

People who fear solitude,
As you try to flee from it,
You are only more to fall into a swamp of ruin;
You,
Seek for your lost self in the solitude.

Don't be afraid of solitude
Love it like your love;
Then you'll be no lonely longer.

I'll live loving sorrow
As I love thee;
Earnestly for the poor
I'll shed my tears.

巫畵 – 山河來 仙巫道化圖 神山澗水마을. 秋 • Korean Peninsula

가을 날

德有東邦 西郎堂
七燕仙女 季節花
草家山守節巫

어머니 –
나의 어머니 –
어느덧 지상엔 가을이옵니다.

당신의 가슴처럼 따사로운 대지 속으로
깊은 잠을 찾아 안겨드는
深淵의 가을이옵니다.

한낮 뜨거운 태양 아래 지쳐버린 마음들이
길고 부드러운 저녁 노을아래
곤한 잠을 꿈꾸듯
나는 당신의 마음처럼 평화로운
햇살을 찾아 거리로 나섰읍니다.

저녁 무렵이면 피곤한 몸을 이끌고
깊은 안식을 찾아 집을 향하듯
사람들은 그들의 고향을 찾아

바쁜 걸음을 옮기고 있습니다.*
이제 곧
기차는 수많은 사람들을 싣고
그들의 고향을 찾아 달려 갈 것입니다.
어머니,
나는 그들과 함께 기차를 따라
고향을 향해 달리는 꿈을 꿉니다.
당신의 품을 찾아 끝없이 달리면
어디에선가 흙 냄새를 맡을 수 있을 테지요.

어머니—
나의 어머니—
모든 이들이 고향을 찾아 떠나는
이 가을 날, 어머니—

나는 당신이 고이 잠든 무덤을 찾았습니다.
풀잎 끝에 떨어져 맺히는 뜨거운 눈물은
오직 햇살아래 떨리는 영롱한 이슬이게 하소서.

당신의 눈길처럼 따사로운 햇살 속에서
잃어버린 내 어린날의
꿈이 서려 있습니다.

어머니—
이제 대지는 모든 생명들을 위해
깊은 잠을 준비 할 것입니다.

당신의 가슴처럼 그 깊이를 알 수 없는
평화와 안식을 간직하고서
대지는 모든 생명을 부르고 있읍니다.

아름다운 새벽을 위하여
깊은 잠을 준비하는 것은
어머니,
당신의 뜻처럼 높은 하늘과
깊은 대지의 사랑이 있기 때문입니다.

어머니－
나의 어머니－
어느덧 지상엔 가을이옵니다.

당신의 가슴처럼 따사로운 햇살아래
그리움이 사무쳐
흙속 깊이 파고드는
深淵의 가을이옵니다.

(4314년 3287년 8월 13일 1981년 9월 10일 서울역에서)

---

* 있읍니다.: 있습니다의 원음.

AN AUTUMN DAY

Mother－
My mother－
It is already autumn over earth.

Into earth as warm as your bosoms
Looking for a deep sleep and embracing
Is an abyss of autumn.

As the souls worn out under the hot sun at midday
And dream a deep slumber
Under a long and soft evening sunset,
To look for the peaceful sunbeam like your heart,
I took to the street.

As one drags his fatigued body in the evening
Heading home for a long rest,
People, to their hometowns,
Are taking busy steps.

Now soon
A train carrying countless people
Will run for their hometowns.

Mother,
I will dream to take the train with them
And go home.
If I run endlessly for your bosoms,
Somewhere I would smell earth.

Mother—
My mother—
Everyone leaving for his hometown
In this autumn day, mother—

I visited the tomb where you sleep peacefully.
Burning tears falling on the grass leaf and lingering on it,
Be only bright dew trembling in the sunlight.

In the warm sunlight like you
Is lingering the dream lost in my childhood.

Mother—
Now earth, for all living things,
Will prepare a deep sleep.

With peace and rest,
Unfathomable like your bosoms,
Is earth calling all the living things.

For a beautiful dawn
Preparing a deep sleep,
Mother,
Is because there are the sky as high as your meaning
And the love as deep as earth.

Mother—
My mother—
It is already autumn over earth.

In the warm sunlight like your bosoms
The yearning is intense
And delves deep into earth.
It is an abyss of autumn.

巫畫 – 山河來 仙巫道化圖 • Korean Peninsula Song Of Freedom; Song Of Life

天上花

아름다운 天上花야
네 어리석음이 깨치는 날
난 널 다시보리라

아름다운 山川에 들녘 푸루름을
世上事가 다 그런 것 아니리니이니

온 世上 사람들아 우리네 人生살이에
살다보면 그런 것을 그러려니 하는 것은
무슨 緣由에 그런 걸까

봄날에 이른 날에 陽地볕이 따사하고
天山에 눈이 나려 이내 心 사리운듯
深泉을 녹히누나
深泉을 덮이누나.

아름다운 天上花야
아름다운 天上花야

(4332년 3305년 12월 30일 1999년 이름 봄녘 2월)

HEA VENLY FLOWER

Heavenly flower,
On a day you realize your folly
I'll see you again.

In beautiful nature fields are green;
Nor in all world affairs

The world,
We live our life,
Thinking such things so and so;
Why do we so?

As early spring sunshine is warm
And snow fell on thousands of mountains,
Embracing my heart,
You melt the deep well;
You cover the deep well.

Beauteous heavenly flower
Beauteous heavenly flower

巫畵 - 仙巫道化 饗宴地天春生圖 • Korean Peninsula

作品解題-季節花 平和路

*人類愛의 本鄕 韓半島/金無窮·

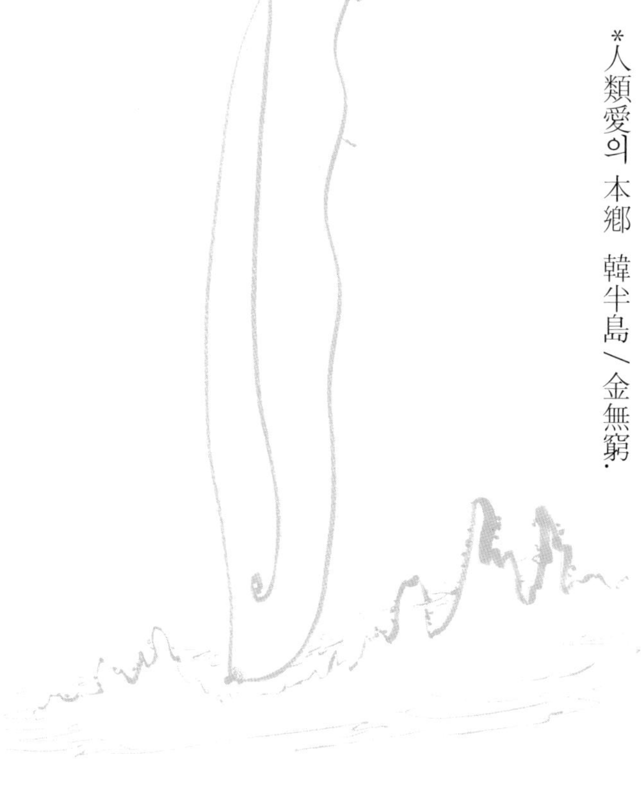

上古外人也

普應大道 拳門 花之花

天下紀三千三百十七年 六月 三十日

☯ 作品解題-季節花 平和路

人類愛의 本鄕 韓半島

이번 시집에 수록된 대다수 작품들이 민주화의 열기가 한창이던 한국의 군사독재정권시절에 쓴 詩作들이어서 혹시 한국의 군사독재정권에 대한 강한 저항의식을 담고 있지 않을까 하는 우려도 있지만 계절화의 詩 세계에는 어느 한정된 시기의 특정정권을 겨냥한 저항정신을 표방하고 있다기보다는 그 어느 시대일지라도 시대와 지역 특정계층을 망라하여 전 세계적, 전 인류가 처해 있는 반인륜적 범죄행위와 世界惡에 의해 파생된 부조리한 억압의 굴레에 대한 부단한 비판적 抵抗意識을 담아 그곳에서 벗어나 인류가 가야할 代案的 志向世界를 함께 아울러 제시하고 있다 하겠다.

1부 님께 드리는 노래에서는 우주의 생명탄생원리와 맞물려 실존을 바탕으로 한 새로운 형이상학적 세계에 대한 현실적 접근 내지는 그 실체를

근본적인 巫意識의 擴張的 轉換의 세계로 그려내고 있다.

「나비」

☯ 3281-3283년 1975-1977

하나의 세계가 있다.
그 세계는 보이지 않는 세계이다.
그 보이지 않는 세계를 향하여 날아가려는
날개가 있다.
그 날개를 일컬어 나비의 생명이라 한다.

나비는 참으로 그 공허한 푸르름 속에
자신을 잊고 날 수 있을 때에
비로소 나비는 하나의 나비일 수 있는 것이다.

날음이 나비의 실존을 의미하듯
나비는 다만 하나의 나비이기 위하여
날아야 한다

.........중략.........

인류에게는 현재까지의 상식으로 알고 있는 세계와 달리 또 다른 우주의 생명력에 연유된 새로운 유토피아적 이상의 세계가 있음에도 암흑에 쌓인 우주공간을 보지 못하듯 자신들 앞에 펼쳐져 있는 새로운 세상을 보지 못함에 「나비」를 통해 그 현상을 일깨우고 있다.

形而上學의 세계란 實存을 前提로 追究할 수 있는 精神的 價値 高揚意識임을 허공을 나는 나비의 모습을 통해 해부하듯 섬세히 그려 표현한 작품이다.

나비의 날개짓이 실존이라면 날개짓에 의한 날음은 곧 새로운 생명의 세계 혹은 새로운 우주적 세계관을 향해 飛翔함을 의미한다. 이는 또 현실적으로 현존하는 인류가 새로운 미래를 향해 아름다운 꿈과 높은 이상을 추구함에 있어서도 자연과 하나 된 인간 本然의 善한 本性을 스스로 지켜 삶의 뜻을 고양시켰을 때 비로소 하고자 하는 일, 가고자 하는 길을 바로[正]갈 수 있음을 말한다.

이는 또 「필연」에서 '너와 나의 만남은 必然', '자연의 섭리대로' 로 노래하고 있다.

너와 나의 만남은 必然
그것은 운명도 숙명도 아닌
필연 이었다.

자연의 섭리대로
봄이 가고 여름이 가고 가을이 가고
겨울이 오듯이,

잎이 피어나고 꽃이 지고
낙엽이 떨어지고 눈이 나리듯이

≪중략≫

예로부터 晝夜者一日之屈伸. 死生子一世之屈伸. 寒暑者一歲之屈伸. 古今者萬世之屈伸 [낮과 밤은 하루의 굽히고 폄이요. 죽고 삶은 한세상의 굽히고 폄이요. 춥고 더움은 한 해의 굽히고 폄이요. 옛과 지금은 만세의 굽히고 폄이다.]이라 했으니 나비의 날개짓 속에 나비의 생명이 존속될 수 있듯이 생명현상의 屈伸作用은 새로운 우주적 창조의 세계를 향해 전환되고 있음을 전해준다.

이 또한 佛家에서는 옷깃만 스쳐도 因緣이라는 말도 있지만 세속적 인연을 넘어 만나야 할 사람은 반드시 만나게 됨이 자연의 섭리이기에 피할 수 없는 因緣은 '必然'으로서 天地運行의 道와 같음을 의미한다.

이처럼 1부 <님께 드리는 노래>에서 우주의 생명현상에 기인된 새로운 巫家的 형이상학의 세계를 향해 飛翔의 시야를 활짝 열었다면 제2부 <그곳은 하나의 성이였다>에서는 한반도를 중심으로 전 세계가 아직도 低級한 시대의 遺産과도 같이 끝나지 않은 이념전쟁을 비롯하여 종교나 인종 빈부갈등처럼 자신들에게 운명처럼 지워진 각종 부조리하고 모순된 이념의 굴레 속에 하루하루 허덕이며 살아가는 현존인류의 고독과 悲哀를 노래하고 있다.

..........중략..........

그곳은 하나에 城이였다.
아무도 찾아오지 않는 한낮의 성이
담배락 높이 싸져있었다.

..........중략..........

土幕民이 자리한 猩亂 資本主義
閉鎖된 壺間, 梱間 속에서 呻吟을 한다.
오늘도 또 오늘도 來日도
또 다른 날들에 歲月을

..........중략..........

그곳은 하나에 城이였다.
높다란 길 外廓을 지나
基層民主制度 人民民主制度 獨裁
戰犯의 魂을 불러들여오고

..........중략..........

<그곳은 하나에 城이였다. 부분>

시인의 뜻에 의하면 한민족은 세계 악을 대처하기 위해 한반도의 허리가 잘리는 분단의 고통을 감내함을 '한세상 신음을 한다.'로 世界理念史戰爭으로 인한 높은 분단의 장벽이 전범국도 아닌 한반도에 아직도 자리한 채 이처럼 한반도 통일에 대해서만은 강대국을 중심으로 세계가 모두 외면하는 높은 이념의 장벽을 '한 낮의 성이 담배락[담벼락]높이 싸져있었다.'로 묘사하고 있다. 그는 또 "지구상의 세계 모든 민족과 국가 중 진정한 민주주의를 하는 나라는 한군데도 없다. 단 민주주의를 빙자한 철저한 자본독식주의만이 팽배할 뿐이다." 라고 언급한다.

때문에 1,2차 세계대전이 미국을 중심으로 한 연합군의 승리와 함께 미국중심의 서방자본독식민주주의가 전 세계적인 영향력으로 파급하였음을 '성난 자본주의'로 상징하여 그렇듯 거대 자본독점화가 진행되는 동안 동·서와 남·북, 아시아 아프리카를 막론하여 다른 한 쪽의 실상은 토막민이 자리 할 수밖에 없었으며, 그로인해 전 세계적으로 새로운 빈부격차에 따른 신흥귀족중심의 지배계층구조가 성립됨으로써 발생되는 남북문제[빈부격차]가 이념선택 강요에 이어서 가난한 나라, 가난한 者는 주권과 인권의 不在함을 숙명으로 받아들여야만 하는 부당성을 지적하여 신흥부자세력을 중심으로 한 부잣집 문지방 안이라는 의미의 '閉鎖된 곤간(壼間)'과 가난한 집 문지방 안이라는 의미의 '곤간(梱間)'이라는 이중의 격리된 공간으로 대치시켜 비유하고 있다.

이렇듯 미국을 중심으로 서방세계에서 시작된 '민주'를 표방한 모순된 자본독식체제가 이제 유럽의 경제를 붕괴시키고 중국을 중심으로 한 아시아권에도 팽배해지고 있음에 이로써 또 다른 세계악의 범죄를 도발시킬 개연성이 농후함에 '基層民主制度 人民民主制度 獨裁 / 戰犯의 魂을 불러들여오고'로 묘사하여 그 허구성을 비판하고 있다.

이를테면 1,2차 세계대전 후 한반도의 분단을 가져온 세계이념사전쟁이 종식 되지 않은 상태에서 이에 더하여 자본독점화를 꾀하는 제3차 경제대전이 1997년 한국의 IMF를 시작으로 발발하여 그와 같은 비정상적인 독점자본의 공룡화는 급기야 미국발금융위기로 현실화 되었으며 그 여파는 진작부터 이러한 상황에 대처해서 유로화로 전환했던 유럽의 자본시장마저 강타해 유럽전체에 금융혼란사태를 초래하고 실업자가 급속히 폭증하는 현재의 상황을 야기시켰으니 이를 하루속히 바로 잡지 못할시 유럽은 1, 2차 세계대전을 유발시킨 경제공황 때보다도 더 심각한 자본잠식화경제전쟁의 댓가를 치러야 하는 지경에 처했고 그 어떤 나라도 이에서 자유로울 수 없다는 점을 詩를 통해 示唆해 주고 있다.

때문에 한반도 통일의 문을 폐쇄시키고 무한경쟁 자본독식화만을 추구한다면 이 세계는 새로운 파라다임을 향해 급속히 바뀔 수밖에 없는 현실을 '閉鎖된 하루 하늘…… / 그 속에서 / 나래를 꿈꾼다. / 먼 나라에 理想을, / 날개를, 달을……. / 돛을 단 배를…….. 띄워.'로 노래하고 있다. 그리고 그와 같은 암울한 현실 속에서도 희망의 끈을 놓지 않고 한반도를 에워싼 높은 장벽을 제거함이 곧 진정한 세계평화와 資本獨食의 逆風을 막는 順理를 따르는 길이며 이성적 세계로의 비약 발전을 지속적으로 암시하는 대목이다.

한편 <영혼의 바다>에서 바다는 모든 생명의 시원이자 모성적 본능을 상징한다. 그리고 인류는 그 잃어버린 시원의 바다 세계를 다시 찾아야 하는 당위성을 노래하고 있다.

생명의 깊은 뿌리가 숨 쉬고 있는 곳
갈 곳이 없는 여인네는 바다로 가야지.

中治者 天命之性. 和也者 卽率性之謂라 했다. 하늘이 내린 성품 즉 본성과 그것을 통솔할 수 있는 능력을 잃어버린 현존인류는 마치 영혼을 잃어버린 채 갈 곳 없이 헤매는 여인네와도 같은 신세다. 바다는 생명의 始原으로 모성을 품고 있다. 하여 天地陰陽의 理致로서 '天命之性'을 '靈魂의 바다'로 透寫시킴과 동시에 자신의 본성을 잃어버린 인류를 갈 곳 없이 방황하는 女人으로 묘사하여 '잃어버린 영혼' 즉 본래의 성품을 찾기 위해 바다를 찾아가는 한 여인의 고단한 路程과 그런 그녀를 끝없이 기다려 품고자 하는 억세고 절절한 모성적 본능의 바다 모습으로 읊어 놓았다.

이는 궁극적으로 인류애를 '바다'에 비유하고 이를 잃어버린 '여인'

즉 현대인의 孤獨과 悲哀를 高度의 詩的 形象化로 昇華시킨 작품이라 할 수 있다

..........중략..........

바다가 나를 부르고 있어.
어두운 밤,
아무도 모르는 바다의 고독이
나를 부르고 있어.

..........중략..........

바다는 겨울의 한 중심에 놓여 있었다.

겨울 바다 —
바다는 겨울이었어.

지금 바다는 가장 바다스럽게 숨을 쉬고
비릿한 물 냄새는 젖무덤으로 부풀어 오른
어머니의 고향.

그 고향 언덕 너머로 불어오는 바람처럼
바다는 천년 시름을 부둥켜안고
회오리로 몸부림치다, 몸부림치다
바위에 부딪치는 파도로 운다.

갈 곳이 없는 여인네는 바다로 가야지.

< 靈魂의 바다 중 일부>

그토록 절절한 모성적 본능의 바다와 이를 그리워하는 한 여인네의 상관적 연관성은 <必然>을 통해 만나야 할 사람은 반드시 만나게 됨을 암시하듯 이는 <빙혼>과 함께 부조리하게 억압 받는 피압박민중의식을 표현함에 있어서 아무리 폐쇄적 독재탄압이 있을지라도 꽁꽁 얼어붙은 빙판 아래로 강물이 흐르듯 그 부조리함에 대한 본능적 저항의지를 드러내는 민심의 흐름은 결코 막을 수 없음을 의미한다. 좀 더 심층적으로는 다양한 이념적 성향과 함께 學緣, 地緣, 血緣, 金緣으로 똘똘 뭉친 모순의 현세라지만 天地定位[하늘과 땅이 중앙에 자리함]를 바꿀 수는 없듯이 모든 것이 멈춘 것 같은 얼음보다 차갑게 냉혹한 현실 저편 너머 도도히 흐르는 뜨거운 魂至意識은 鬼神일지라도 막지 못하고 오히려 돕게 됨을 의미한다.

강물이 흐르듯,
두터운 빙판 아래로 강물이 흘러가듯
멈추지 않는 물줄기는
너의 끈질긴 목숨.

..........중략..........

얼어붙은 강변에

시간은 멈추어 있었고
모든 것은 끝나 있었다.

..........중략..........

죽음,
그 아래로 깊숙한 곳에 자리한
생명의 줄기
그 생명의 줄기가
봄의 빛으로 피어오른다.

氷魂 !
내 님의 넋이여……

<빙혼 부분발췌>

마지막 3부 <자유의 노래 생명의 노래>에서는 인류의 나아갈 길을 제시한다.

그는 하늘이 되고 싶으면 하늘이 되었다.
그는 새가 되고 싶으면 새가 되었고.
그는 바다가 되고 싶으면 바다가 되었다.
그는 꽃이 되고 싶으면 꽃이 되었다.

..........중략..........

지구촌 인류는 그 모든 허위와 인위적 억압의 굴레에서 벗어났을 때 진정한 자유인이 될 수 있음을 매우 밝고 경쾌하게 노래하였다. 인류 개개인은 자신의 올바른 본성을 수련함에 있어 예로부터 心者는 神明之舍所 所以交於神明之本. 所謂 至精至微處는 極深則至精하고 硏幾則至微라 至精至微는 至神이라不測變化之術이 道在於神明이니 感通神明然後에 事其事則 謂之大仁大義也니라 하셨다. 마음은 신명이 깃드는 곳이니 신명과 사귀는 근본이 되는 곳이다. 자신의 본성을 정밀히 수련함으로써 자신의 마음을 다스려 성품을 되찾게 되면 신과 같은 경지에 올라 신명을 얻게 됨에 비로소 크게 어질고 크게 의로움에 다가서니 이는 곧 진정한 자유인이 되기 위한 옛 선현(先賢)들의 노력의 一環이었다.

이어 <꽃밭이 있습니다.>에서는 한반도를 '아주 작은 산비탈 녘에 자리한 꽃밭'으로 비유해 한반도의 통일과 관련하여 한반도는 앞으로 도래할 새로운 세계를 열어 감에 있어 아주 작지만 아름다운, 생명을 움트고 자라게 하는 '인류의 寶庫이며 資産'으로 존재하기에 <꽃밭이 있습니다.>를 통해 한반도의 중요성과 그 가치를 누누이 역설하고 있다.

..........중략..........

나는 항상 꽃밭이 있습니다.
아주 작은 산빗탈 녁에
꽃밭이 있습니다.
헤질 무렵
아무도 찾아주지 않는
산비탈 녘에
고갯마루에 계절을 노래한 듯 가을을 부르며

코스모스 한들 비바람 그 뒷날 폭풍우에 떨며
쓰러져 울려 피어있습니다 한 아름이 가득히

한생에 사랑을 노래하듯
청초 하늘이 맑게 갠 모습처럼
소담스레 피어있습니다

..........중략..........

<꽃밭이 있습니다. 부분 발췌>

동서냉전과 함께 이념전쟁의 희생양으로 받쳐진 한반도, 그것은 韓民族(韓國人)에게 뼈를 깎고 살을 발라내는 고통의 상징이자 세계인의 슬픔이다. 이처럼 고통과 슬픔의 상징인 한반도를 작가는 아이러니하게도 우리 주변에서 그리 어렵지 않게 찾아 볼 수 있는 비탈길 해질녘 꽃밭의 한가한 듯, 서정적 아름다운 정경으로 형상화 하여 그 처한 실상을 애잔하게 喚起시킴으로써 평화통일을 기다리는 마음과 이에 더하여 한반도의 평화는 곧 진정한 의미에서의 세계평화의 길목임을 잊지 말아야 한다는 메시지를 전하고 있다.

이처럼 그의 시 <빙혼>에서 ' 죽음, / 그 아래로 깊숙한 곳에 자리한 / 생명의 줄기 / 그 생명의 줄기가 / 봄의 빛으로 피어오른다.' 와도 같이 <필연>의 '자연의 섭리대로 / 봄이 가고 여름이 가고 가을이 가고 / 겨울이 오듯이,' <나비>의 '나비는 참으로 그 공허한 푸르름 속에 / 자신을 잊고 날 수 있을 때에 / 비로소 나비는 하나의 나비일 수 있는 것이다.'

라는 시인의 표현처럼 '한국의 봄' 즉 한반도의 평화와 세계의 평온이 한반도로부터 피어나 人類愛가 지구촌, 우주촌 곳곳에 充滿해 지기를 간절히 기원해 본다.

이로써 작품해제를 마치며 끝으로 草家堂 季節花님의 평화 시화집 한반도, 세계평화순례가 출간 되어 그 뜻을 밝힐 수 있도록 애써주신 한림대학교 출판부와 시 영문번역을 해주신 한림대 정용희교수님 그리고 이에 선뜻 英文校訂을 맡아주신 한림대 Colin Browne교수님께 깊은 감사의 말씀드립니다.

草家堂 季節花는 韓國花다.

天節紀 3318年 2月
檀　紀 4345年 2月
西　紀 2012年 2月
海東聖國 方外人 七燕仙女 季節花
謹書

處士 金 無 窮

☯ 작가소개

方外人 七燕仙女 季節花

方外人 草家堂 季節花에 대한 글

白仙道人 季節花

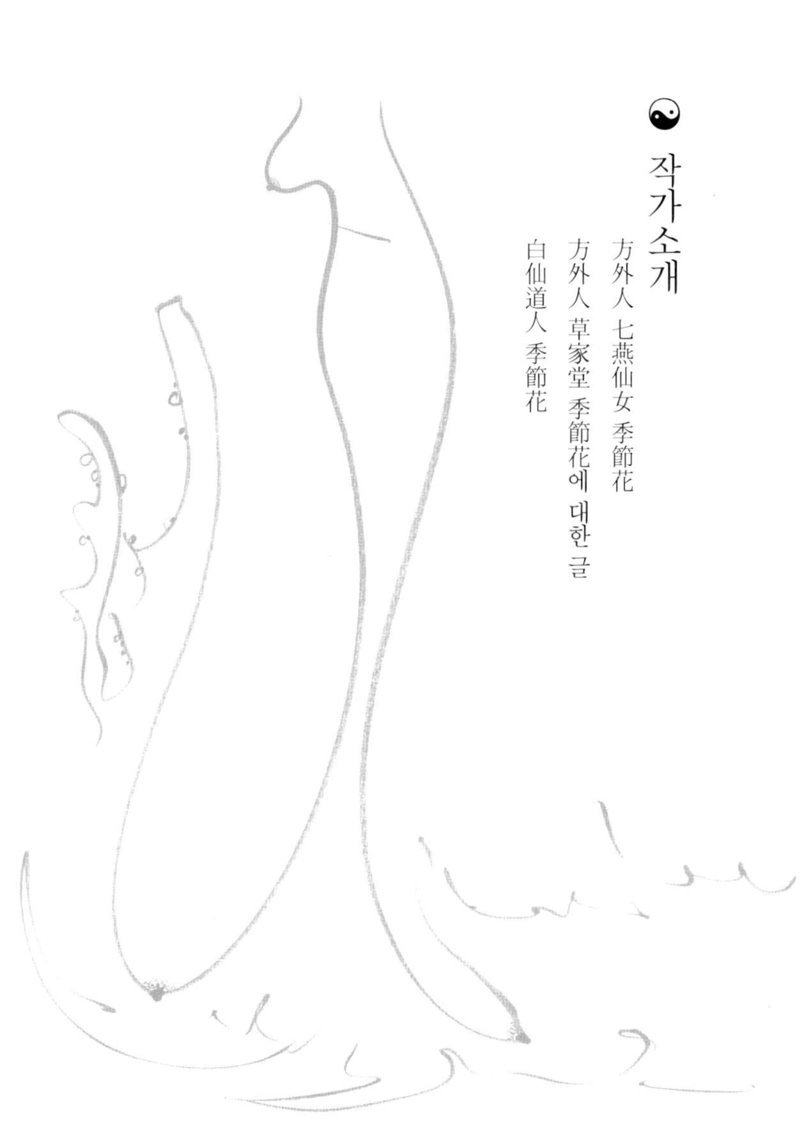

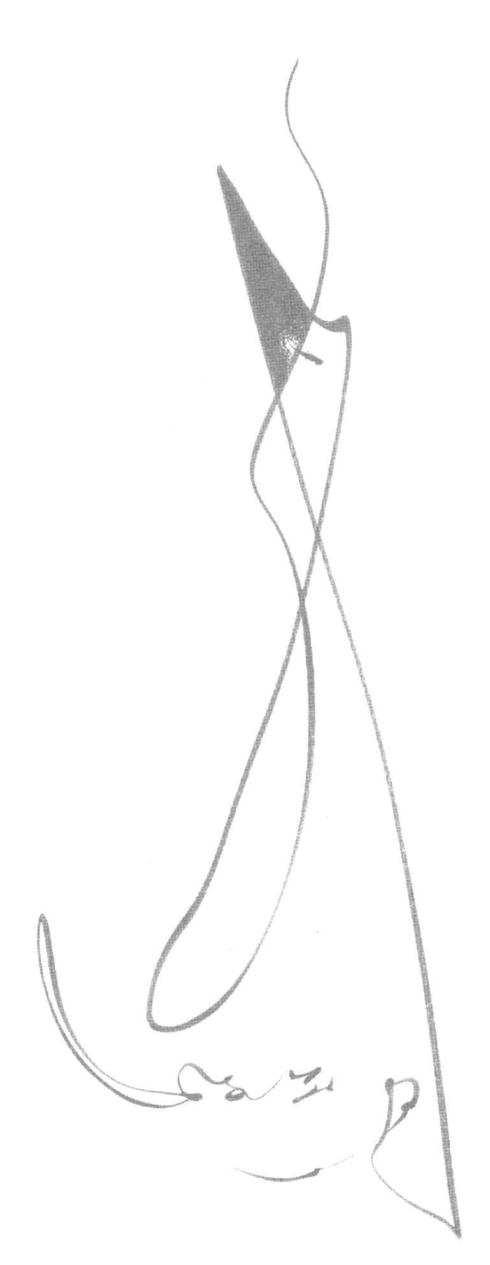

☯ 작가소개

方外人 七燕仙女 季節花
方外人 草家堂 季節花에 대한 글
白仙道人 季節花

초가당 계절화! 그는 노련한 정치인도 유능한 사회학자나 운동가도 아니다. 다만 한반도에 태어나서 지금까지 사는 동안 사회적 약자며 상대적 빈자로서 겪어야 했던 참으로 구차한 삶의 무게감과 境界를 역추적해 보니 정치사회적 모순과 부조리에서 비롯됨을 깨닫게 되면서 그 부당함에 대한 끊임없는 저항과 투쟁, 더 나아가 그 대안과 지향점까지를 그의 작품 속에 압축적 풍자로 고발하거나 고도로 상징화 시키고 있는 매우 이례적이며 독보적인 정치사회비평적 한국의 문인화가이다.

때문에 그의 작품세계는 보는 이 마다의 생각하기에 따라서는 난해해 보일 수도 있다. 그리고 이러한 작품성향 때문에 혹자는 정치팝아트니 다다이즘이니 초현실주의니 하며 작품성향에 대한 영역을 언급하기도 하지만 조금이라도 의식이 있는 작가들의 작품 속에는 암암리에 위와 같은 성향을 어느 정도 내포할 수 밖에 없으며 그것은 영역의 문제로 가르기 보다는 무엇을 어떻게 느끼고 인식하였는지가 중요하다. 그 인식의 표현이 사람이 사는 세상에 가장 기본이 되는 자연환경과 인간생존의 문제를 다루고 있으며 자연과 인간, 사람과 사람사이의 관계와 문제를 문학과 그림으로 표현하고 있다고 하는 것이 그의 작품의 진실에 더 가까운 설명이 될 수 있을 것이다.

그리고 그것은 바로 작가 자신만의 문제가 아닌, 60여년간 조선반도 남북분단의 고통을 겪고 있는 한반도의 문제, 강대국들의 전횡적(專橫的)인 영향력에 노심초사 전전긍긍하는 전 세계 곳곳의 인류가 가진 오늘의 문제임을 표현하고 있다. 이는 초가당 계절화가 유년시절부터 일관 되게 천착해 온 올 곧은 정신으로서 생명에 대한 외경심과 그 근원성에 대한 인식의 경보적(警報的) 추구이며 그것은 그의 저서 『초가별곡(草家別曲)』에서 무가사상(巫家思想)으로 집약되어 있다.

2007년 『사람새끼 사람처럼 살고 싶었다.』에 앞서 오랜 산고 끝에 2001년 그의 문학과 그림의 총체적 문학예술작품세계의 성격을 담고 있는 『초가별곡 칠월』시문집(詩文集)이 출간 되었었다. 초가별곡에 수록되어 있는 여러 논문들을 통해서 일찍이 그는 자신을 '무당(巫堂)'이라고 선언한 바 있다. 단 그것은 초가당 계절화 자신만이 아닌 단군의 자손인 한민족 자체가 무당임을 전제로 선언 하였던바 그것은 오늘날과 같은 기성종교의 모체가 되는 종교적 근원성을 존중해야함에 대한 주장으로 시작된 담론이었다.

거기에 그의 남다른 예지력이 더 하여져 그를 안다는 지인들조차도 혹자는 그를 단순히 무당 또는 점쟁이라고 일축 하는 이도 적지 않지만 그의 근원적 생명의식에 대한 외경(畏敬)과 그 사상적 상징성을 우리가 일반적으로 알고 있는 직업인으로서의 점쟁이 무당으로 단순하게 치부하는 것은 그를 전혀 알지 못하는 처사다. 또 그와 같은 인식의 부족으로는 그의 문학작품이나 예술세계를 더 더욱 이해하기 힘든 어려움이 있을 것이다.

때문에 종교적 선입견이나 의식의 편견을 버리고 순수무잡(純粹無雜)한 마음에서 본질을 자신의 처지로 받아들여 그의 작품을 대했을 때 구구절절 설명 없이도 비로소 그의 때 묻지 않은 보석보다 더 귀한 그의 작품들이 주는 감동이 온전히 살아서 감상자들의 가슴속에 단비처럼 내려 별빛으로 반짝일 것이다.

草家堂 季節花는 韓國花다.

天節紀 3316年 6月 庚寅

檀　紀 4343年 6月 庚寅
西　紀 2010年 8月 庚寅
海東聖國 方外人 七燕仙女 季節花
謹書
處士 金 無 窮

韓半島 平和論 ― 山河來

평화선언문(平和宣言文)

*山河來 權力的 培向 ― 韓半島 ―

*山河來 權力的 胚養 世界平和의 길목 ― 韓半島 ―

*山河來 權力的 背向 韓半島 ― 世界平和의 길목 ―

*山河來

仙巫道化圖 – 萬里長城 山河 七月, Great Wall of China • Korean Peninsula

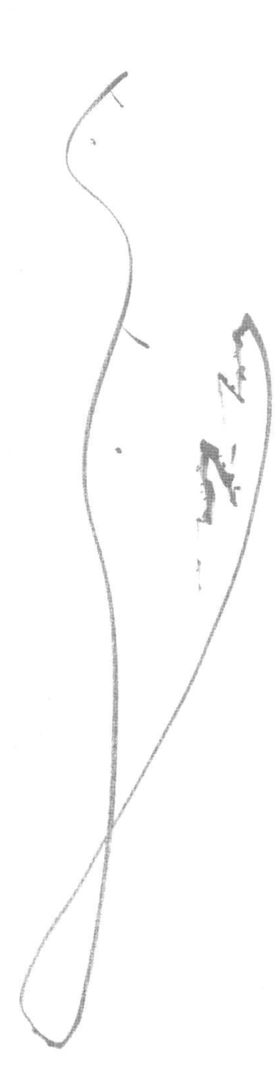

☯ 韓半島 平和論 - 山河來

평화선언문(平和宣言文)

山河來 權力的 培向 - 韓半島 -

山河來는 韓半島를 상징한다. 일제 치하 36년에 이어 8.15광복과 함께 강대국들은 그들 국가의 패권적 권력배양을 위해 한반도를 그들의 각축장 삼아 모여들어 6.25를 발발케 하고 동서냉전과 대립적 구도의 표본이 되었음을 의미한다.

山河來 權力的 胚養 世界平和의 길목 - 韓半島 -

이렇듯 한반도에 모인 세계열강들의 패권주의적 권력지향은 그들의 영향력을 증진시키기 위한 수단으로 민주주의와 공산주의 양대 세력간의 이데올로기[Ideologie]대립적 세계평화 유지를 명분으로 남북분단의

팽팽한 긴장적 장벽을 통해 그들 세력존립의 정당성과 절대성을 확고히 유지 배양(胚養)시킬수 있었다.

진정 한반도를 남북평화, 동북아평화, 세계평화, 세계민의 화해와 화합의 장, 길목으로 여긴다면 결코 그와 같은 이념대결의 첨예한 대립각 지대로 삼을 수 없음을 말한다.

山河來 權力的 背向 韓半島 - 世界平和의 길목 -

강대국들의 그와 같은 패권적 질서유지 세계관은 20세기를 서로가 서로에게 등을 돌리도록 세계민에게 강요하여, 인류사, 세계사의 다시없는 희생과 고통을 초래 하였다.

그나마 근현대사에 불행 중 다행인 것이 구소련의 고르바초프 전 대통령에 의해서 그와 같은 부조리한 단절된 세계와의 결별을 고하며 먼저 화해의 손을 내밀어 동서냉전을 종식시키고 그 여세에 힘입은 독일의 통일을 우리는 더 없이 부러운 눈으로 지켜보며 한반도에서도 남북통일의 가능성과 희망을 가질 수 있었다.

그럼에도 분단65년이 지난 지금까지 세계분단사에 마지막 장벽으로 남은 한반도에서 현재와 같은 신냉전적 기류는 남북한 공히 가서는 안 될 막다른 길목이다.

한반도는 진정 세계평화의 길목에 서서 위태롭지만 조심스럽게 평화의 상징으로 대변되는 아주 작은 나라, 그리고 세계인류평화와 공존의 꽃밭과도 같은 나라이다.

이제 더 이상 강대국들의 패권적 각축질서에 희생양이 되기를 거부하고 세계평화의 꽃밭이 되어야 함을 한국의 문화예술인으로서 그 당위성을 알리고자 하는 전시회라 하겠다.

"山河來"

급변하는 인류사에 있어서 한반도는 남북분단과 함께 한반도를 에워싼 주변세계열강들의 각축장으로 어언 반세기가 훌쩍 지나가 버렸습니다. 2010년은 6.25동란 한국사전쟁(韓國史戰爭)이 일어 난지 60주년이 되는 해입니다. 6.25발발 60년을 상기하며 본인 방외인 칠연선녀 계절화(方外人七燕仙女季節花)는 남북, 북남간(北南間)의 대치상태(對峙狀態)에서는 더 이상 동북아세아의 안정은 이루어 질 수 없으며 세계평화는 존속(存續) 될 수 없음을 전시회를 통해 선언하고자 합니다.

2010년 6월 25일은 한반도에서 동족상잔(同族相殘)의 6.25동란이 일어 난 지 60주년이 되는 해이며 휴전(休戰) 《정전(停戰)》 협정(協定)이 발효 된 지 어언(於焉) 57주년이 되는 해입니다.

세계사에서 1945년 세계 제2차대전이 끝난 뒤 세계3파장(世界三波長) 즉 자본주의(資本主義), 사회주의(社會主義), 비동맹국가연합(非同盟國家聯合)의 갈림길에서 한반도는 주변열강들의 각축장(角逐場)으로 남북분단과 함께 세계이념대립(世界理念對立)의 첨병장(尖兵場)이 되어져 동서냉전(東西冷戰)의 상징국(象徵國)으로 국가와 동족분열의 고통과 슬픔을 함께 해온 지 60여년의 세월이 흘렀습니다.

이는 곧 한반도의 분단은 세계전략에 의한 희생이며 비극적 결과이기에 그 고통은 한반도에 그치는 것이 아니라 전 세계가 함께 풀어 나가야할 숙명적 과제라 할 수 있습니다. 급변하는 현재의 세계전략에서 중국인을 비롯한 세계인은 '한반도의 평화통일'이 세계인이 함께 지향(指向)해야 할 가치이며 희망임을 직시(直視)해야만 합니다.

지금까지 한반도에서의 남북분단은 체제유지를 위한 이념대립과 냉전만이 유일한 생존과 평화유지의 전략이었지만 구소련(舊蘇聯)붕괴 후 탈냉전(脫冷戰)의 해빙무드에서 새삼 현재와 같은 신냉전적(新冷戰的)남북갈등은 더 이상 미래의 세계평화유지를 위한 대결구도로 기여할 수 없습니다. 그럼에도 휴전으로 인한 남북의 긴장대치상태는 언제든 전쟁재발가능성을 시사(示唆)하고 있으며 이는 한반도의 평화를 깨트림과 동시에 세계평화를 위협하는 요소가 되고 있습니다.

이를테면 한반도의 불안한 정세는 곧 중화인민공화국(中華人民共和國)의 안전과 평화에 직결되는 위협요인입니다. 러시아와 일본 또한 안전을 보장 받을 수 없습니다. 이는 곧 한반도의 평화유지와 안전보장이 곧 세계평화와 인류안전유지의 담보물임을 아무리 강조해도 지나치지 않음을 시사(時事)해 주는 바 입니다.

선언문적 성격(宣言文的性格)의 이번 전시회는 과거 냉전시대에는 한반도의 남북분단 현실이 이데올로기적 세계평화를 위한 존속으로 휴전됐지만 오늘 날 유독 한반도에서 만큼은 탈냉전(脫冷戰)을 뒤로한 채 신냉전체제로 퇴보해 감에 더 이상 남과 북이 이념대립상태에서 벗어나 휴전협정을 파기하고 한반도는 세계평화와 동북아세아의 안정을 위해 평화협정체제로 나가야한다 는 '山河來' 平和宣言文展示會입니다.

"따라서 本人 草家堂 季節花는 남과 북이 동북아세아의 안녕과 평화,

질서를 위해 휴전협정을 파기하고 남북공동체의 평화협정체제로 나가야 함을 선언하는 바입니다.” 중국에서 이번 전시회를 기획함은 바로 위와 같은 첨예한 이슈에 13억 인구의 중화인민공화국의 안전과 평화문제 역시 직결되어 있는 만큼 중화인민공화국은 한반도의 평화, 더 나아가 평화적 통일을 지향(指向)하고, 동북아세아의 평화, 세계평화에 기여해야 함을 전하고자 합니다.

본인은 대한민국의 문화예술인으로 미력하지만 전 생을 다하여 『巫歌, 巫家思想』 생명존중사상(生命尊重思想)을 펴 온 만큼 한민족(韓民族) 본연(本然)의 이타적인 인류애심성(人類愛心性)을 밝혀 인류의 생명을 온전히 지키기 위한 한 문화예술인의 지난(至難)한 의견표출로서 이번 전시회를 기획하였음을 밝힙니다.

‘山河來’ 평화선언문적 전시회는 세계가 첨예한 이념대립으로 분열되어 찢어지고 흩어지고 갈라진 것을 한데 모음을 상징한 『“山河來” 한류북경(韓流北京) 798平和宣言展』이라 하겠습니다.

平和宣言的 中國巡廻展 北京

草家堂 季節花는 韓國花다

檀紀 4343 天節紀 3316 西紀 2010秊

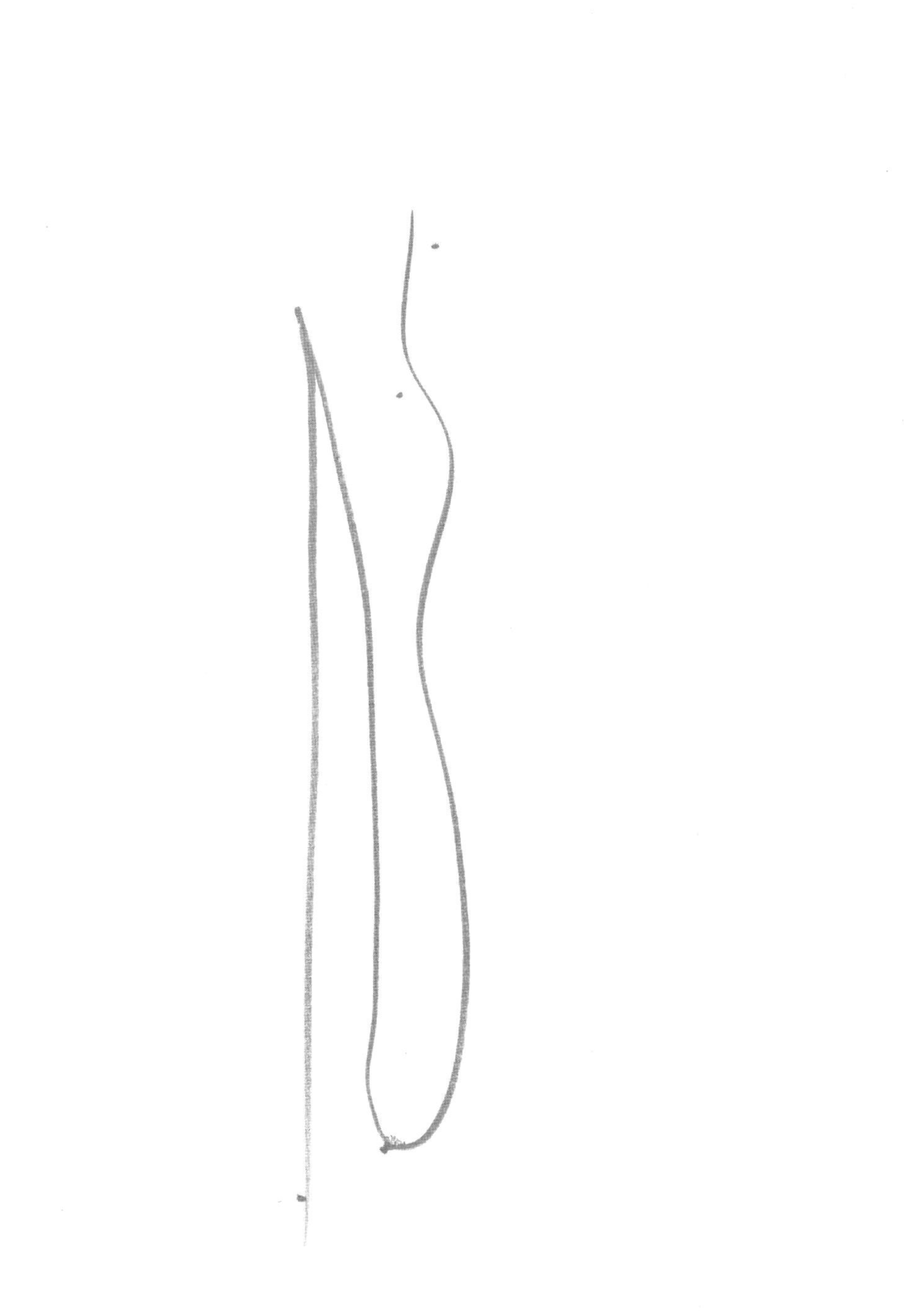

☯ 美術의 呪術性을 찾아서☯

☯ 美術 –그 呪術的 힘. 마당劇 '굿' 퍼포먼스(performance).
開幕公演 「美術의 呪術性을 찾아서」
(省谷 美術館 檀紀 4333年·天節紀 3306年 4月· 2000年 6月/서울)

山中에서 길을 잃으면 山 능선(稜線)을 타고, 山이 높으면 잠시 쉬었다 가라 했다. 미치도록 흙 냄새가 그리우면 콘크리트 포장을 걷어내면 되고, 순수한 주술성(呪術性) 즉 종교적(宗敎的) 염원(念願)이 간절(懇切)하면 종교적(宗敎的) 위선(僞善)과 가식성(假飾性)을 과감히 벗어 던질 때 비로소 그 나아갈 길이 보인다.

이 시대는 결코 주술(呪術)이 사라진 시대가 아니다. 각 기성(旣成) 종교들의 성경(聖經)이나 법경(法經)구절 또는 찬송가(讚頌歌)나 기도문(祈禱文)들이 바로 주술적(呪術的) 의례(儀禮)를 대신하고 있다. 그것은 주술적(呪術的) 의미(意味)만을 놓고 볼 때 결코 순수(純粹)하지 않다. 왜냐하면 그들은 그것을 자신들의 종교적 목적 더 구체적으로는 종교(宗敎)의 교세(敎勢) 확장(擴張)을 위한 포교(布敎)의 도구(道具)로 전락

(轉落)시켜 버렸고, 더욱 무서운 것은 특정 종족(種族)의 종교인(宗敎人)들이 만들어낸 경전(經典)과 그 역사성(歷史性) 만이 진리(眞理)요 진실(眞實)이라는 편협(偏狹)된 사고(思考)의 틀을 그들 방식(方式)만의 의례(儀禮)를 통해서 강요(强要)하고 세뇌(洗腦)시키며 사람들 인식(認識)의 무한한 가능성(可能性)과 자율성(自律性)을 더 없이 구속(拘束)하는 무기(武器)로 사용하고 있다는 점이다. 사실 주술적(呪術的) 행위는 기성종교(旣成宗敎)들 보다도 더 오랜 역사성(歷史性)을 지닌다. 그것은 세계 곳곳에 분포(分布)되어 나타나는 여러 암각화(岩刻畵)나 동굴벽화(洞窟壁畵) 또는 고분(古墳)등의 벽화(壁畵)에서 너무나 생생하게 그 흔적을 찾아볼 수 있다. 다시 말해 미술(美術)의 역사는 바로 고대인(古代人)들의 주술(呪術)의 역사 (歷史)에서 비롯되었다 해도 과언(過言)이 아니다. 그리고 현대까지 유일하게 남아서 고대인들의 사고체계(思考體系)와 행동양식(行動樣式)들을 생생하게 고증(考證)하고 있는 직접적 행위의 형태(形態) 표현(表現)이다.

주술(呪術)에는 곧 인간(人間)의 염원(念願)과 그에 대한 성심성(誠心性)을 구현(具顯)하고자 하는 인간 본능(本能)의 마음이 전제(前提)된다. 이는 주문(呪文)뿐만 아니라 그림을 통해서도 어떤 상황에서의 그때 그때 기원(祈願)이나 바램 또는 그에 따른 과정들, 곧 인간의 마음을 담아 낼 수 있다. 거기에는 이론화(理論化)된 이념적(理念的) 체계(體系)나 끝없는 탐욕(貪慾), 그에 따른 독선(獨善)과 가식적(假飾的) 언어(言語)등이 개입(介入)되지 않는다. 때문에 신선(新鮮)하다. 그리고 천진무구(天眞無垢)하다. 현대미술(現代美術)이 타분야와 달리 표현에 있어 정신적(精神的) 가치성(價値性)을 작품의 평가(評價) 기준(基準)으로 삼는 것도 바로 인간(人間) 정신(精神)의 꾸미지 않는 순수(純粹)함, 즉 사물(事物)에 대한 자유로운 인식상태(認識狀態)를 각자의 개성(個性)에 따라 느낀 그대로 표현하고 적나라(赤裸裸)히 그 흔적을 남길 수 있는 시각적(視覺的) 표현양식(表現樣式)이기 때문이다.

한편 현대인들은 "주술(呪術)"이라 하면 무당(巫堂)들의 무슨 요란한 행위와 함께 그에 따른 성취(成就)의 결과(結果)가 뒤따르는 것으로 인식(認識)하고 있다. 그러나 꿈(夢)도 반복해서 꾸다보면 현실로 이루어 진다. 하물며 하고자 하는 일에 대한 간절함이 반복하여 깃들면 그것이 곧 주술(呪術)이 된다. 우리는 일상(日常) 생활에서 알게 모르게 스스로에게 매번 주술을 걸고 산다. 아무 생각 없이 사는 사람이 아닌 다음에는 늘 자기의 꿈(望)과 희망(希望)을 위해 자아(自我)와의 부단한 대화(對話)와 함께 노력(努力)을 게을리 하지 않는다. 결국 어느 사이 그 사람에게는 바로 원(願)하던 일이 성취되는 것을 쉽게 경험하게 된다. 그것은 누가 가르쳐 준 것도 아닌데 사람들이 자신도 모르는 사이에 스스로의 자기최면(自己催眠) 즉 가장 단순한 방법의 주술적(呪術的) 행위를 자행(自行)했다는 사실을 전혀 인식하지 못할 뿐이다. 미술(美術)은 문자(文字)나 음향언어(音響言語)와 달리 최초의 주변사물 인식에서 시작되는 자아의식(自我意識)의 시각적(視覺的) 형태표현예술(形態表現藝術)이다. 뿐만 아니라 미술(美術)은 주술성(呪術性)을 향해 언제든지 개방(開放)되어 있다. 주술적(呪術的)인 그림에 강력한 念力(氣)을 더했을 때 그 그림은 곧 부적(符籍)이 된다. 부적(符籍)은 염력(念力)의 내용(內容)과 정도(程度)에 따라 효과(效果)를 달리한다. 이번 전시회 《미술로 주술을 건다》에서 표방(標榜)하는 전시(展示) 주제(主題)와 그 실험적(實驗的)

상징성(象徵性)에 대해 초가당 계절화(草家堂 季節花)님은 미술(美術)로서 주술(呪術)을 걸기 《작가와 작품, 그리고 관람객 삼자(三者)가 함께 공유(公有)할 수 있는 보편성(普遍性) 확보(確保)를 뜻함.》위해서는 '무엇을 어떻게 인식(認識)하고 얼마만큼 사고(思考)하는가'라는 주변사물이나 환경에 대한 의식(意識)의 자각(自覺)과 전환(轉換)이 선행(先行)되어야 하며 그 체감정도(體感程度) 여하에 따라 그림도 그에 합당(合當)한 주술성(呪術性)을 더할 수 있게됨을 강조(强調)하고 있다. 그림의 주술성(呪術性)은 평소에 사람들이 무심히 지나쳐 버리기 쉬운 것들을 결코 예사롭지 않게 바라보는 예리(銳利)한 관찰력(觀察力)과 관심(關心)에서 출발한다. 특히 회화(繪畵)는 동영상(動映像)을 포함한 모든 시각예술(視覺藝術)의 골격(骨格)에 해당한다. 골격(骨格)의 내실(內實)을 튼튼히 해야 급변하는 현대 컴퓨터 사이버 영상(映像) 디자인의 발전도 더욱 신실(信實)해질 수 있다.

이번 전시회가 실험적으로 마련된 것도 영상매체(映像媒體)가 날로 기승을 부리는 요즘의 현실에 비추어볼 때 미술계의 특히 회화(繪畵)에서 자기 정체성(正體性)의 재확립(再確立)이 더욱 절실해 졌기 때문이 아닌가 생각된다. 그리고 뒤늦게나마 이를 행동에 옮기기 위한 시도(試圖)로서 기획(企劃)된 전시회(展示會)이기에 더욱 고무적(鼓舞的)이다.

다만 '주술(呪術)'이라는 표제(表題) 내용이 자칫 이상한 신비주의적(神秘主義的) 성향(性向)의 호기심(好奇心)들을 자극한 상업적(商業的) 흥미유발(興味誘發)의 일회성(一回性) 전시회(展示會)로 흐르지 말아야 한다는 기우(杞憂)와 함께 관람객(觀覽客)을 포함한 참가자 모두가 전시회(展示會)를 통해 현대기계문명(現代機械文明)의 이기(利器)가

앗아가 버린 진솔(眞率)한 한국적(韓國的) 주술정서체험(呪術情緒體驗)에 따른 새로운 자아발견(自我發見)과 자기가치(自己價値), 고양(高揚)의 계기가 될 수 있는 주술(呪術)적 효과를 얻기 바란다.

덧붙여 아무리 컴퓨터와 휴대폰등 전자매체(電子媒體)를 이용한 사이버 문화가 전세계를 휩쓰는 가상영상시대(假想映像 時代)일지라도 전기(電氣)에 의존(依存)하는 가상현실(假想現實)은 어디까지나 순간의 가상현실(假想現實)일 뿐이고 회화(繪畵)는 역시 영구성(永久性)을 담보(擔保)로 화가(畵家)의 다양한 회화적(繪畵的) 기법(技法)을 직접 화폭(畵幅)에 응용(應用)하는 내적 표현 표출작업이다. 그것은 다른 무엇으로도 대체(對替)할 수 없는 회화(繪畵) 고유(固有)의 영역(領域)이기에 그 토대(土臺)를 스스로 굳건히 하며, 새롭게 자리매김 하는 계기가 되었으면 하는 바램이다.

天節紀 3306年 4月
檀　紀 4333年 4月
海東聖國 方外人 七燕仙女 季節花
謹書
處士 金 無 窮

草家堂 季節花는 韓國花다.

☯ 方外人
草家堂 七燕仙女 季 節 花 著作者 略歷

非暴力 無抵抗 人權守護 平和運動家
思想家, 文明預言家, 詩人, 畵家, 巫人

☯ 大韓民國 韓半島出生 年度未詳
☯ 德有山入山修道(檀紀4295·天節紀3268年
☯ 天地全民池人굿(檀紀4295～4324·天節紀3268～3297年)
☯ 妄靈愿哭굿
☯ 太陽是起來從西方 轉向到西方굿 －太陽將出於西方 而沒於西方 －.
(慶尙北道 大邱廣域市 南山洞 明德四거리 4316～4317·3289～3290年)
☯ 洋之惡退治굿[洋之惡退治]
(無盡藏 서울 慶南北 京畿一圓 檀紀4316～4320·天節紀3289～3293年)
☯ 玉女天巫굿
(全州 서울 京畿一圓 無盡藏 仁王山 修理山 4317～4319·3290～3292年)
☯ 西点愛恨풀이 굿
(水原 서울 全州 戊盡藏 慶南 檀紀4319～4320·天節紀 3292～3293年)
☯ 吳오독깨비춤판－亡國之病治癒굿 [治癒亡國之病以病]
(朝鮮半島 檀紀4320～4322·天節紀 3293～3295年)
☯ 世界神明 잔치굿[宴會](朝鮮半島 韓半島 無盡藏 4321·3294年)
☯ 艮方굿[七·八·九局體制 再演](朝鮮半島 韓半島 4324·3297年)
☯ 文化獨立國 宣言굿(서울 檀紀4328·天節紀3301年)
☯ 天地使風巫神굿 (朝鮮半島 韓半島 無盡藏 4329·3302年)
☯ 魂身藝術굿 國泰民安歷史再演굿 歷史再現굿(서울 雲峴宮 4330·3303年)
☯ 海東聖國 社稷天祭 七月檀祭 書享神臺굿(서울 社稷壇 4334·3307年7月)
－亡靈妄靈冤哭굿 世界慰靈祭 世界神明祭 世界平和平穩굿－

展示
☯ 第一回 方外人 七燕仙女 季節花 고을展 「天地全民池人굿」
(고을갤러리 檀紀4327年·天節紀3300年/1994年11月/全州)
☯ 現代美術의 位相展 (白象美術館 檀紀4328·3301年/1995年/서울)
☯ 第二回 方外人 七燕仙女 季節花 草家別曲 七月展
「文化獨立國宣言굿」 文化戰爭 經濟戰爭 豫示.
(白象美術館 特別招待 檀紀4328年·天節紀3301年/1995年7月/서울)
☯ 第三回 方外人 七燕仙女 季節花
"草家堂 季節花는 韓國花다" 巫畵展 大韓帝國 舊韓末 歷史를 다시 쓴다.
「季節花 魂身藝術굿 國泰民安굿」 經濟戰爭 豫見
(文化日報社·雲峴宮 美術館 共同開催 4330·3303年/1997年5月/서울)

☯ 第四回 方外人 七燕仙女 季節花 巫畵作品展 藝術의 殿堂 美術館 『黃土愛恨－天地使風巫神圖』 (4331·3304年/1998年4月/서울)
☯ 美術－그 呪術的 힘. 마당劇 '굿'－퍼포먼스(performance) 開幕公演 「美術의 呪術性을 찾아서」 (省谷 美術館 4333·3306年4月/2000年6月/서울)
☯ 世界平和祈願굿－performance
[서울 社稷壇 檀紀4333·天節紀3306年11月/2001年12月5日]
☯ 第五回 方外人 七燕仙女 季節花 巫畵作品展
『나匡 사랑 韓半島－韓國的 슬픔』
(인사아트프라자갤러리 4336·3309年4月/2003年/서울)
☯ shaman panting
人類文明의 歷史와 神話의 나라 그리스Greece展 '굿'performance
(東西洋 神話의 만남. 4343·3316年/2010년 1월 Greece Athens.)
☯ 靈魂의 胎動 『仙巫道化－靈魂之胎動圖
(13中國北京藝術博覽會 檀紀4343天節紀3316年7月/2010年 8月)
☯ 山河來 『平和宣言文的中國巡廻展』
(北京798藝術特區 紅三房畵廊 檀紀4343·天節紀3316年8月/2010年10월)
☯ 山河來 2011 서울 平和의 그림전 草家堂 季節花는 韓國花다.
(大韓民國 國會議事堂 民意議殿堂 議院會館1層中央로비 檀紀4343·天節紀3316年12月/2011년1月)
☯ 샤만페인팅巫－시바의 춤['Shaman painting, Mu-Dance of Shiva']
印度文化院開館記念企劃展(印度文化院1層 檀紀4344·天節紀3317年6月/2011年7月서울)

☯ 草家別曲 「七月」 草家山文學紀行(檀紀4335·天節紀3308年7月)
民族의 胎盤 無盡藏을 찾아서. / 民族의 젖줄 阿利水路를 찾아서.
☯ 사람 새끼 사람처럼 살고 싶었다. 出版記念會
(서울 살롱麻姑카페 檀紀4340·天節紀3314年9月/2007年10月)

著書
☯ 草家別曲 「七月」
☯ 사람 새끼 사람처럼 살고 싶었다.

☯초가당 계절화(草家堂 季節花)
郵便番號 110 － 612
大韓民國 서울特別市 鐘路區 瑞麟洞 光化門郵遞局 私書函 1275號
Box No. 1275, Goangwhamoon Post Office Jongrogu,
Seoul Korea, 110－612
http:// www.choga.org

*** 艱難은 寃罪의 적이 아니다 ***

☯ Chogadang, Gye–Ziel–Hwa's Profile

Shaman Painter, Gyezielwha (pen name: Chogadang)
Box No. 1275, Goangwhamoon Post Office
Jongrogu, Seoul Korea, 110–612
Poet, Artist, Shaman
Activist of Human Rights for the Oppressed

- ☯ Born in the Korean Penninsular, Republic of Korea.
- ☯ Had ascetic practice at Deogyu Mountain, Korea in 1962.
- ☯ Performed an exorcism for all people of the world from 1962 to 1991.
- ☯ Performed an shaman ritual for departed spirit.

Korean Peninsula

World Peace Pilgrimage

-한반도 세계평화순례-

2012년 3월 8일 초판 1쇄 인쇄
2012년 4월 23일 초판 1쇄 발행

지은이 계절화
발행처 한림대학교 출판부
200-702 강원도 춘천시 한림대학길 1
(등록 제48호 : 1983. 3. 10)
TEL : (033) 248-2375~6
FAX : (033) 248-2879
H.P : http://press.hallym.ac.kr

편집 : 계절화 김은영
인쇄 : 알래스카인디고(주)
TEL : 02-2277-5553
FAX : 02-2275-5549

값 18000 원